アントニオ猪木

格闘家

―ファイティングアーツを極めた男―

編・著
木村光一

金風舎

はじめに

――猪木のプロレスの正体とは何だったのか

「だって、プロレスなんでしょ？」

この場合の「プロレス」とは、「あらかじめ勝敗の決まっているショー」であり、もっと有り体に言えば、「八百長」「インチキ」という意味だ。

いわゆる世間一般では、「プロレス」とはこの認識である。

これは1950年代に日本でプロレスというジャンルが誕生したときから背負い続けている十字架であり、プロレスが嫌いな人からすれば、これだけで片付けてしまえる便利なセンテンスだ。

何らかのきっかけでプロレスを好きになってしまった人は、最初はこの「世間一般でのプロレスの認識」から目を逸らそうとする。やがて、それを飲み込んだうえで、「プロレスにはそれだけで片づけられない魅力があるんだ」などと理論武装して、世間の冷たい視線に抗おうとする。少なくとも1970

年生まれの私と近い世代のプロレスファンの皆さんは、同じ経験をしてきたことだと思う。

1990年代に入り、総合格闘技というジャンルが確立してからは、さらにその「線引き」が明確になった。リアルファイト(真剣勝負)か、フェイクファイト(八百長)か。

かつてのように「プロレスの中にだって、シュートやガチンコが存在する」などと、曖昧なままでは済まされなくなった。

そのため、もはやプロレスファンの間でも「プロレスラーに強さを求めても仕方がない」という〝大人の意見〟が、大勢を占めている。もちろん、プロレスには勝敗以上にさまざまな魅力があり、単純に見て面白く、深く知れば知るほど面白いジャンルなので、その考えを否定するつもりはない。

プロレスは純粋なスポーツや総合格闘技とは別モノのエンターテインメントとして確固たる地位を築き、日本における誕生から70年以上が経過してもなお、衰退することなく発展し続けているのが、一つの答えだろう。

しかし、〝全盛期〟のアントニオ猪木を見て来た世代にとっては、なんだかモヤモヤするのである。

だったら、「プロレスラー」であるアントニオ猪木の強さは、フェイクだったのか？

長年目を凝らしてアントニオ猪木の生きざまを見続けて来て、どう考えてもそれだけでは片付けられないのだが、それすらも「愛するがゆえの妄信」に過ぎないのか？

アントニオ猪木自身がよく口にしていた、「オレはプロレスと格闘技を分けて考えたことは一度もない」「プロレスラーは強さが一番」とは、いったいどういうことなのか？

◇◇◇

考えてみれば、当のアントニオ猪木が誰よりも、

「だって、プロレスなんでしょ？」

という声を浴びせられ続け、それに対して生涯、「なんだとコノヤロー！」と抗っていたように思う。

だから世間が「強い」「ホンモノ」と称するプロボクサーの現役チャンピオンと闘ったり、遠い異国の

地でその筋の連中とシノギを削ったのだ。そして猪木はそれと並行して、いわゆる「プロレス」の試合においても凄まじい過密日程の中で、世界中の強豪レスラーを相手に、異様にクオリティの高い名勝負を残し続けた。

いまにして思えば、古今東西、そんなプロレスラーは、アントニオ猪木の他には存在しない。

プロレスというジャンルの中だけで生きていれば、決してさらされることのない蔑視や偏見にわざわざ立ち向かうのは、並大抵のエネルギーではない。しかし、60年代後半から70年代にかけて、〝全盛期〟のアントニオ猪木はそれをやり続けた。そしてそのことが、大衆の心に響きまくり、日本におけるプロレスと格闘技に多大なる影響を及ぼした。

それは簡単に言えば、「だってプロレスでしょ」と冷笑する世間に対して、「これでもくらえ」とばかりに、ギリギリの闘いを体現することで反抗し続けたからこそ起こった〝熱狂〟だった。

しかしながら皮肉なことに80年代に入り、世間がプロレスブームに沸いて理解者、支持者が増えた頃にはアントニオ猪木の肉体はピークを過ぎ、さすがにそんなミラクルを起こし続けることは難しくなった。そのため悪い意味での「プロレス」をすることも増えたが、それでもここ一番の勝負どころでは、アントニオ猪木にしかできない、観衆の魂を鷲掴みにして揺さぶるようなギリギリの闘いを繰り広げて見せた。

やがてアントニオ猪木が引退し、弟子や孫弟子にあたる若い世代のプロレスラーに、猪木自身がかねてから思い描いて来た闘いを継承しようとしたとき。

猪木以外に誰一人、それができないということが明らかになった。

そして図らずもそのことで、アントニオ猪木はプロレスにおける特異点（とくいてん：singular point/シンギュラー・ポイント）だったのだ、ということが証明された。

そして私はその特異点の根本にあるものは、本来強さだけを競い合うものではないハズのプロレスにおいて、アントニオ猪木が他の誰よりも「ホンモノの強さ＝格闘技術を取り込もうとしてきた姿勢」にあるのではないか？　と考えるに至った。

◇◇◇

「アントニオ猪木はカールゴッチの弟子だから強かったのだ」

多くのプロレスファンはそう聞かされ、疑うこともなくそれを信じてきた。ゴッチ直伝の技術とは、言うまでもなくキャッチ・アズ・キャッチ・キャン。フリースタイル・レスリング（やプロレス）の源流の一つと称される、ランカシャースタイル・レスリングだ。

しかしながら近年、総合格闘技というジャンルが発展したことで我々の目が肥えてくると、アントニオ猪木の格闘技術は、どうにもその「ゴッチ史観」だけでは説明が付かないことに気付かされる。

それは現代でいうところの「柔術」のテクニック、それも現在でも高等技術とされるものが、猪木のプロレスの試合やスパーリングで、事実として随所に垣間見えるのである。

これはいったいどういうことなのか？

その答えを探して、私は1冊の本に巡り合った。

それが、かつて木村光一さんが手がけた一連の「猪木本」だった。

木村さんは、アントニオ猪木が現役引退を発表する直前の1995年から約10年間にわたって密着。猪木と膨大な時間の1対1インタビューを実施し、それを基に『闘魂転生～激白裏猪木史の真実』『闘魂戦記～格闘家・猪木の真実』『アントニオ猪木の証明～伝説への挑戦』などの書籍を手掛けている。

アントニオ猪木が好きな人なら分かると思うが、猪木はプロレスについて語ることを嫌う。ましてや技術論について語る機会は非常に少ない。猪木は常に「自分が体現してきたプロレスの解釈は、見た人それぞれの感じ方に任せる」と主張してきた。「過去は振り返らない主義。もう忘れたよ。」とも。

それでも猪木は要請に応じて時折、名勝負と呼ばれる自身の試合について解説することはあった。しかし、猪木がゴッチに正式に教えを受けるより以前の、日本プロレスや東京プロレスでの先輩たちとのトレーニングや、自分が若手時代に憧れ、薫陶を受けた名レスラー達についての発言は、少なくとも私は他でほとんど見たことがない。

それが故に、木村さんの「猪木本」は貴重なのである。

◇◇◇

私は木村さんが手がけた「猪木本」の中に綴られたアントニオ猪木自身(や周囲の関係者)の発言によって、猪木の「強さ」にまつわる、長年の謎を解くカギ、最後のピースが見つかった思いだった。そしてその考えをまとめて、「アントニオ猪木の強さ・格闘技術の源流」シリーズとしてBlogとYouTubeで発信したところ、非常に大きな反響を得た。

繰り返すがこれらの〝元ネタ〟としてもっとも大きな比重を占めたのが、木村さんの手がけた「猪木本」なのだ。

そしてそのことが、幸運にも木村光一さんと実際にお逢いすることにつながり、今回の書籍再版のプロデュースにつながる。

私が木村さんと初めてお逢いしたとき、木村さんから「現在、絶版となっている過去の猪木書籍を再び世に出したい。プロデューサーをお願いしたい。」との申し出を受けた。迷うことなく二つ返事で引き受けたのは、いくつかの理由があった。

1つ目は、木村さんの保有する猪木コンテンツが唯一無二の貴重なものであり、このまま埋もれさせておくのは重大な損失だ、と考えたこと。2つ目は、無断で(出典としての記載はしていたものの)木村さんの書籍を元ネタとしてBlogやYouTubeで自身のコンテンツとして発信していたことに対する贖罪の意識。そして3つ目は、これまで何十年も、その存在を通じて勇気とか元気とか、さまざまな生きるためのエネルギーを与えてもらったアントニオ猪木への恩返しというか、なんだかうまく言葉にはできない感情。猪木流に言えば「一歩踏み出す勇気」、古舘伊知郎流に言えば「闘魂は連鎖する」みたいな思いだった。

◇◇◇

実は当初、この書籍は木村さんが1996年に手掛けた『闘魂戦記～格闘家・猪木の真実』をそのまま紙の書籍として復刻し、さらに電子書籍版を加えた形で〝再版〟する予定だった。しかし改めて細部まで読み返すと、さすがに30年近く前に発行された当時とはプロレスや格闘技界を取り巻く状況やSNSの普及によって読者の知識量などが比較にならないほど変化しているため、核心である〝格闘家・猪木〟というテーマこそ色褪せていないものの、時代的にギャップを感じずにはいられない箇所が散見された。

基本的に内容について口を挟むつもりはなかったが、木村さんも同じ思いを抱いていたらしく、再び世に出すのであれば、いまの時代の知識や情報に合わせて正しくアップデート、最適化しなければ単なるノスタルジーに終わってしまうだろうという意見で一致した。そうしなければ古くからの愛読者や新たな読者の方々――何よりアントニオ猪木に対して失礼にあたる、との思いだった。

木村さんは本書の再版にあたって過去の取材データをすべて洗い直し、追加取材も行って、単なる加筆修正に留まらない全面的な見直しを行った。もはや内容的には「新刊」といっても過言ではない。しかも、プロレス・格闘技界の歴史を努めて冷静に俯瞰し、マニアにありがちな贔屓の引き倒しにならないよう、アントニオ猪木という一レスラーの強さと格闘技術の奥深さを、客観的な事実を交えてより丹念に検証してくれた。

私としては、それこそがいま、この後の世の中に伝えておくべきアントニオ猪木の姿だと思っている。

◇◇◇

2022年10月1日。〝燃える闘魂〟アントニオ猪木は、79歳でこの世を去った。

これまでもこれからも、多くの人が猪木を語り、その類い稀なる生き様に思いを馳せることだろう。そしてその足跡があまりにも大きく、かつ色濃すぎるが故に、事実とはかけ離れたファンタジーや伝説の類があたかも事実のように語られ、半ば歴史が〝捏造〟されてしまうことを危惧している。

この書籍が、「アントニオ猪木の強さと格闘技術のリアル」を後世に遺す、一助となれることを願っている。

猪木さん、あなたの闘魂は、連鎖し続けています――

2023年8月20日
男のロマンBlog/Live! 主宰
宮﨑晃彦

筆者にプロレス技に秘められた格闘技術の真髄を語るアントニオ猪木。
〈1996年2月、六本木・新日本プロレスにて〉

CONTENTS

目次

CONTENTS

CONTENTS

CONTENTS

CONTENTS

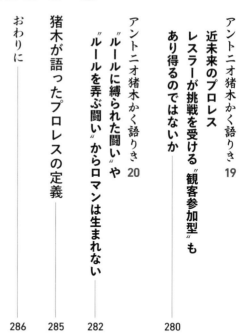

第1章 猪木の源流

プロローグ

〝日本のプロレスの父〟力道山との邂逅

猪木寛至は1943年(昭和18)2月20日、父・猪木佐次郎、母・文子の9番目の子(6男)として神奈川県横浜市鶴見区で生を受けた(男7人、女4人の11人兄弟)。石炭商として成功を収め、吉田茂とも交友のあった佐次郎は、戦後、自由党結党にも参加。実業家から政治家へ転身を図る。しかし、寛至が5歳のときに心筋梗塞で急逝。以降、寛至と3男の寿一、3女の京は鶴見に居を構えていた母方の祖父・相良寿郎に引き取られて幼少期を過ごした。かつて相場師として一時代を築いた祖父は豪快な人物で「乞食になっても世界一の乞食になれ」「心の貧乏人にだけはなるな」と日頃から孫たちに独自の人生訓を言い聞かせていた。そして、この誇り高くも破天荒な教えが、大黒柱を失なった猪木家に起死回生を期したブラジルへの移民を決意させたといっても過言ではなかった。そのとき寛至は13歳。中学2年生だった。

アメリカに嫁いだ姉と次男の康郎を除く総勢11名の猪木家一行が「サントス丸」に乗り込み、横浜港からブラジルに向けて出航したのは1957年(昭和32)2月3日。ところが、1カ月後、船が停泊したパナマ・シティーの市場で手に入れた未熟なバナナを食べた祖父が腸閉塞を起こして息を引き取ってしまう。精神的支柱をなくした一家は途方に暮れたが、半月後、悲しみに浸る間もなくサントス港に上陸。サンパウロの北西500㎞、地方都市リンスまで列車に揺られ、さらにトラックでジャングルの奥地へと運ばれた。

ブラジルまでの旅費は農場主が負担していた。そのため、日本人の移民は1年半、ジャングルを切り拓いて作られたコーヒー園で朝から晩まで働かねばならなかった。子供ながらに楽園生活を夢見ていた寛至は、まるで奴隷同然の生活に心底うちのめされた。一家にあてがわれた粗末な小屋には電気、水道はおろか便所さえなかった。毎日、朝はまだ薄暗い5時に叩き起こされ、固いコーヒーの実を手の皮がズル剥けになるまで摘み取る作業が日の暮れるまで延々と続いた。しかも、周囲は銃を持った警備員につねに監視され、過酷な労働に耐えかねて脱走しようとした近隣の移民が銃殺されることもあったという。

1年半の農園労働を終えると、猪木家はリンスから約70㎞南へ下ったマリリアという町の郊外で土地を借りて落花生の栽培に着手。そこで得た収入で念願の家をサンパウロで手に入れ、男兄弟たちは市内の青果市場で重い穀物の袋を運ぶ荷役労働に就いた。体の大きな寛至の働きぶりはすぐに評判となった。ようやく生活にもゆとりが生まれると、寛至は日本を離れる直前に熱中していた砲丸投げを始めた。

ブラジルへ渡ってはじめて砲丸を投げたときの記憶が『猪木寛至自伝』には次のように記されている。

《あれ？　何だか、もの凄く遠くに落ちている。自分の足で計ってみると14、15メートルも飛んでいるではないか。いくらなんでもおかしい。中学の頃はどんなに頑張っても、7、8メートルがやっとだったのだから。》

《厳しい労働の日々、どこへ行くのにも数十キロ歩くという原始的な生活が、知らぬ間に私の身体を鍛え上げていたのだった。いつの間にか身長も188センチを超していた。》

限界を超えた過酷な環境を生き抜くため、育ち盛りでもあった寛至の身体は無意識のうちにリミッターを外すという選択をしたのかもしれなかった。

16歳になった寛至は、円盤、砲丸、槍の3部門で日系人の陸上競技会に出場し上位入賞を果たした。さらに、全ブラジル選手権では円盤投げにエントリーして45メートルのジュニア新記録で優勝。長距離走の選手として大会に出場していた4男・快守も抜群の強さを発揮。猪木兄弟の活躍は日系社会の希望の星としてブラジル中に知れ渡るようになった。

1960年（昭和35）4月、2度目のブラジル遠征を成功させ、帰路につこうとしていた力道山の耳にも《身長1メートル92センチ、体重90キロの巨漢》（原文ママ／サンパウロ新聞に書かれた記事内の表記）という日系少年の評判が届いた。すぐさま呼び出しを受けた寛至は夢見心地で力道山と対面。そこには日本を離れる前、祖父の家の隣に住んでいた技師が組み立てた自家製テレビのブラウン管に映っていた大スターが立っていた。

猪木はそのときの印象をこう語っている。

《ニコッと笑った顔が非常に印象に残ってる。プロレスに憧れはあったし、力道山というのは英雄でしたから。そのときは夢が向こうから目の前に近づいてきてくれたような感じでしたよ》（『アントニオ猪木の証明～伝説への挑戦』木村光一著）

力道山は開口一番「裸になれ」と寛至に命じ、「背中も見せろ」と念入りに身体つきをたしかめた。そして「よし、日本へ行くぞ」とだけ告げて肩を叩いた。プロレス界にとって歴史的瞬間である〝師弟の契りの儀式〟はそれだけだった。

横浜港でサントス丸に乗り込んでから3年――猪木寛至は17歳になっていた。

〝馬場と猪木〟力道山の育成方針 〜櫻井康雄の回想

国内のプロレス界の統一を果たし、盤石の地位を築き上げた力道山は1960年（昭和35）4月10日、将来のエース候補の入団を発表した。元プロ野球・読売巨人軍の馬場正平（23歳）と力道山が遠征先のブラジルでスカウトした猪木寛至（17歳）。奇しくもその日が記者としてはじめての取材だったという元東京スポーツの櫻井康雄は次のように回想していた。

「馬場はネクタイにスーツ姿でしたが、猪木は力道山の命令で記者の前でいきなり上半身裸にされたんです。まだ子供で線が細かったんですが、力道山は『どうだ、いい体だろ』とその体をバシバシ叩きながら上機嫌でしたね。こう言ってはなんですが、力道山は馬場に関しては当初から〝見世物〟〝商品〟として扱っていた。早い段階で米国遠征の切符を与えたのも、元読売巨人軍投手という肩書きの賞味期限が切れないうちに売り出そうとしたからでね。一方、まだ17歳の猪木は手元に置き、自らの手で、厳しく、じっくり育てる腹づもりでいたんですよ」

馬場正平と猪木完至（当時のリングネーム）のデビュー戦は、60年（昭和35）9月30日、東京・台東区体育館で行われた。馬場・猪木は同年4月11日の入門発表に続き、プロレスラーとして第一歩を記した記念すべき日も一緒だった。馬場の相手は10歳年上で力道山の付き人も兼ねていた田中米太郎。新弟子のデビュー戦としてはいささか格上と思われる中堅との対戦だった。しかし、いざ試合が始まってみれば馬場が巨体を利して圧倒。長くて強い脚を使った〝股裂き〟が決まり、豪快に勝利を収めた。

一方、猪木は前年11月デビューの大木金太郎と対戦。大木は不器用で前座の末席といったポジションであったが、ガチンコの強さは若手随一。試合はのっけからセメントの様相を呈した。猪木は得意のグラウンドで優位に試合を運ぶも、立ち技になるや大木のヘッドバットが炸裂。合計5発もの情け容赦ない頭突き攻撃を受けて意識を失い、惨敗を喫したのだった。

若き日の猪木はそんな仕打ちを差別と受け止めて師匠を恨み、馬場に対しても嫉妬の炎を燃やしたのであるが——櫻井の見立て通りだったとするならば、それらもすべて己の才覚ひとつでのし上がった〝在日一世〟力道山が、やはり〝ブラジル移民一世〟として辛酸を嘗めた猪木の心の内奥に溜め込まれた反骨エネルギーを引き出すために用意した周到なシナリオだったということになる。

○ 力道山（りきどうざん／ 1924－1963）

176センチ、116キロ。本名／百田光浩（ももた みつひろ）、出生名／金信洛（キム・シラク）。日本統治時代の朝鮮（現在の朝鮮民主主義人民共和国領）咸鏡南道洪原郡龍源面新豊里出身。興行師の百田巳之助に勧誘され、1940年（昭和15）、大相撲二所ノ関部屋入門。49年（昭和24）5月場所、関脇に昇進するも民族差別や親方との確執から相撲界に見切りをつけ、50年（昭和25）、自ら髷を切って引退（引退の理由については諸説あり）。力士廃業後、百田家長男として日本へ帰化。51年（昭和26）、朝鮮国連軍慰問団として来日中のボビー・ブランズ一行のリングでエキシビションマッチを行ってプロレスデビューした。52年（昭和27）、アメリカ武者修行出発。翌53年（昭和28）、一時帰国して日本プロレス設立。54年（昭和29）2月、シャープ兄弟を招聘した旗揚げシリーズを大成功させ、同年12月、史上最強の柔道家と呼ばれた木村政彦を破りプロレス日本一の称号を得る。〝空手チョップ〟を武器にテレビという新時代のメディアの申し子として〝鉄人〟ルー・テーズ、〝銀髪鬼〟フレッド・ブラッシー、〝白覆面の魔王〟ザ・デストロイヤーらと激闘を繰り広げて空前のプロレス・ブームを巻き起こすも、63年（昭和38）年12月、酒席でのトラブルから暴力団員に腹部を刺され入院先で死去（死因についても諸説あり）。39歳の若さだった。

アントニオ猪木

かく語りき 1

日本プロレス道場での非科学的なトレーニングの目的は己の限界を知るためだった

俺が日本プロレスに入門したときはまだ17歳の子供で、おまけにブラジルへ移民していたものだから右も左もわからなかった。いまから振り返ってみればおかしいことだらけ。とにかくめちゃくちゃな練習をさせられていたのはまちがいない。

最初は「足の運動(スクワット)500回!」と言われてもできなかった。それがやっているうちに1500回くらいできるようになった。よし、これでいいだろうと思ってると次の日には「3000回!」。やり終わる頃には自分の足もとに汗の水溜りができていた。また、腕の運動といえば1個35キロもあるダンベルをただ振り回すだけ。いまのようなボディビルの正しいやり方なんて誰も知らないから「とにかく握る力がなくなって持てなくなるまでやれ!」と万事がそんな調子だった。

他の仲間たちはしょっちゅうぶっ倒れてたが、俺は1度も倒れなかった。人間の肉体っていうのは結構強いもので、本当はどんなにハードなことをやらされてもぶっ倒

アントニオ猪木

かく語りき 1

れてしまうまでは疲労しない。ただ、疲れてきたときに頭をよぎる「もうやめたい」という心の誘惑をはねつけられるかどうか。違いはそれだけなんだ。そもそも俺は要領が悪い。適当に加減することもできなかったから、実際、誰よりもきついところまでやっていたはずだった。それでも誘惑に負けずに続けられたのは、どこにも逃げ場のないブラジルでの生活で否応なしに精神面が鍛えられていたからだと思う。

日本プロレスの道場にはレスリングを教えてくれる正式なコーチもいなかった。はじめに沖識名さんがひと通り基本的なことは教えてくれたが、どちらかといえば若い選手にプロの厳しさを叩き込む教育係のような存在だった。したがって技術的なことはすべて先輩たちとのスパーリングのなかから学んでいった。アマレスについては吉原(功)さん、寝技は柔道出身の大坪(清隆)さん、来日中の外人選手からもさまざまなテクニックを教わった。

スポーツ科学が発達した現在の常識からすれば、日本プロレス時代のトレーニングは根性至上主義の非常識の塊でしかない。だが、見方を変えて〝己の限界点を理解し、それを乗り越えよう、挑戦しようという気迫を身につけるための練習〟と捉え直してみると、その意味においては、間違いなく効果はあったように思う。

若き日の猪木を鍛えた最強格闘家集団の実態

現在、格闘技とプロレスは、はっきり別モノと区別されている。競技ごとに定められた厳格なルールに則ってひたすら勝利を追求するストイックな姿を披露する格闘技と、鍛え上げた肉体を駆使して闘いのドラマを表現するプロレスはたしかに目指す方向が違う。しかし、両者が似て非なるモノだという見方が一般常識として認識されるようになったのは比較的近年のことだ。かつて、格闘技とプロレスの間にはっきりした線引きは存在しなかった。なぜか？　答えは簡単だ。54年（昭和29）2月、旗揚げから間もなく爆発的ブームを巻き起こした日本プロレスという団体は、当時、世界的にも稀なエリート格闘家集団だったからである。

大関の地位を目前に自ら髷を切ってプロレス界に飛び込んだ総帥・力道山（元関脇）をはじめとして、団体創成期に活躍したレスラーの多くは大相撲からの転向組。しかも、駿河海光夫（元前頭）、豊登道春（元前頭）、芳の里淳三（元前頭）、藤田山忠義（元前頭）らはいずれも幕内経験者。一時は元横綱・東富士欽壹も所属するなど、名門相撲部屋も顔負けの陣容だった。柔道界からも遠藤幸吉（柔道4段。プロレス入りする前に木村政彦が旗揚げしたプロ柔道にも参戦）、渡辺貞三（柔道5段。のちにメキシコへ渡ってミル・マスカラスをコーチ）、大坪清隆（柔道5段。寝技を主体とする高専柔道の達人）が参加。さらに近畿大学相撲部出身の吉村道明（学生横綱）、早稲田大学レスリング部出身の吉原功といった大学スポーツ界の実力者も顔を揃えていた。特筆すべきは、いずれの選手も20代から30代という肉体的にピークの状態にあった点だ。かつて、これだけのレベルの選手が揃った格闘技団体は世界を見渡しても存在しなかった。

また、元々無差別級で行われるのが当たり前である相撲、オリンピック競技に採用されるまで体重別階級制度のなかった柔道をベースにしていた日本プロレスの選手たちは、体格差のある外国人レスラーに対してコンプレックスを抱いていなかった。このように日本においてプロレスが格闘技として違和感なく大衆に受け入れられたのも選手個々の背景＝実力の根拠が明確だったからで、実際、日本プロレスという団体に弱者は存在しなかったのだ。

17歳で入門した猪木を待ち受けていたのはそのような〝相撲〟〝柔術〟〝アマレス〟〝高専柔道〟を得意とする海千山千の実力者たちだった。そして、まだ練習方法さえ確立していなかった日本プロレス道場で行われていたのは弱者切り捨てと強者選別を目的としたあからさまなシゴキあるいはイジメ。ほぼ格闘技経験ゼロの状態で入門した猪木は、自分に課せられたトレーニングが非科学的で理不尽な命令であることも知らなければ、先輩たちとのスパーリングで一方的に味わわされる痛みのメカニズムについても何もわからないままひたすら耐えつづけるしかなかったのである。

道場での毎日はつねに過酷なサバイバル訓練。そこで非常識な体験を重ねながら、猪木は格闘のプロフェッショナルしか知り得ない〝より相手の肉体に強烈なダメージを与える技術〟あるいはそれら〝危険な技からの回避術〟を学び、自分の身体特性に合わせて取捨選択を繰り返しながら、意図せず独特の技術体系を構築していったのだった。三つ子の魂百まで。後年、極限状況に追い込まれる度にアントニオ猪木が見せた技の数々は、日本プロレス道場時代に培われた格闘技術に由来していた。

柔術・アマレス・高専柔道・相撲
〜猪木に格闘技を伝授した指導者たち〜

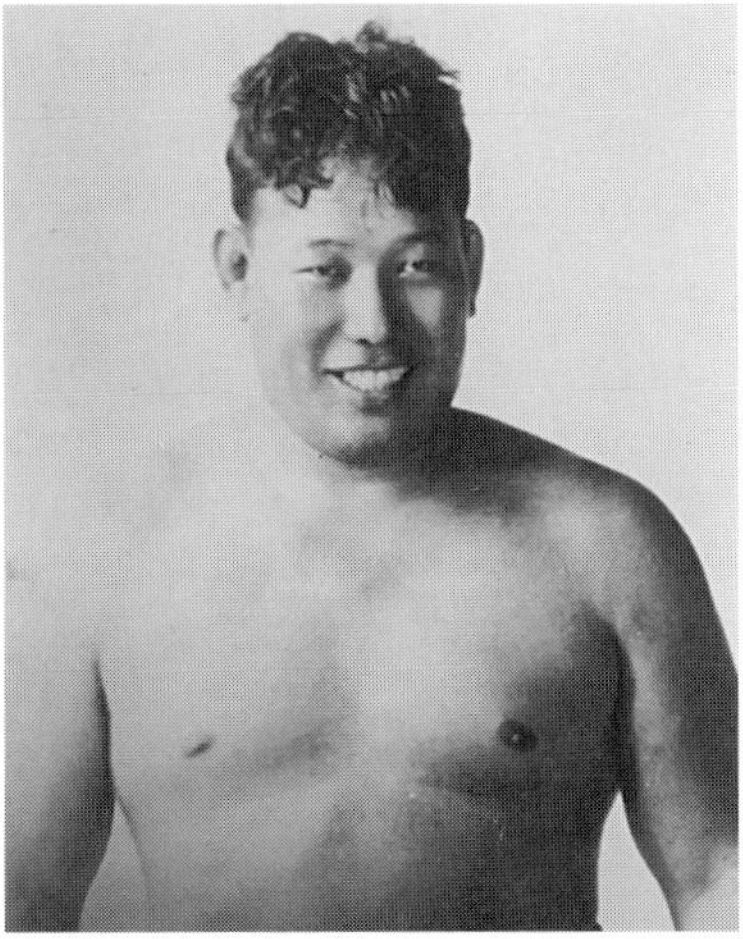

○沖識名（おき しきな／1904-1983）

170センチ、90キロ。本名、識名盛夫。沖縄県出身。8歳でハワイ・マウイ島へ渡る。その後、日系人の多く住むハワイ島ヒロで〝檀山流柔術〟（檀山とはハワイの意。所謂〝ハワイアン柔術〟。岡崎星史郎が複数の流派の柔術、空手、武器術等を基に創始）を修得し、ハワイ相撲にも挑戦。25年、マウイ場所で優勝を飾る。31年、日系レスラー・タロー三宅（本名・三宅多留次。〝不遷流柔術〟の使い手としてヨーロッパやアメリカを転戦。グレート・ガマ、フランク・ゴッチといったプロレス史に残るトップレスラーたちと対戦した）に出会いプロレスラーとなる。翌32年、ニューヨーク・マジソン・スクエア・ガーデン進出。33年、ロサンゼルス・オリンピック・オーデトリアムにてジム・ロンドスと異種格闘技戦（CACCvs柔術。結果はロンドスの勝利）。以降、メインイベンターとして西海岸を転戦し、レイ・スティール、エド・ストラングラー・ルイス、アド・サンテルとも闘った。36年、デトロイトでエベレット・マーシャルの保持するMWA認定世界ヘビー級王座に挑戦。日本人として初の快挙だった。37年、ハワイ・ヘビー級王座を獲得するも太平洋戦争勃発により収容所に送られ、48年、現役を引退した。52年、ボビー・ブランズの依頼によりプロレスへ転向した力道山をマンツーマンでコーチ。アメリカ本土への遠征を前にそのレスラーとしての才能を見事に引き出した。54年2月、力道山が旗揚げした日本プロレスにレフェリーとして参加。相撲、柔道出身の選手たちとプロレスの橋渡し役として、またはシュート技術の伝承者として欠かせない存在だった。

◎ 吉原功（よしわら いさお／1930-1985）

172センチ、95キロ。岡山県出身。中学時代に柔道を始める。早稲田大学進学後はレスリング部で活躍し、卒業後は東洋製鋼に勤務しながら国体に出場。ウエイトトレーニングのために通っていた日本橋人形町の力道山道場でスカウトされ、53年、日本プロレス入り。相撲や柔道出身者で固められた日本プロレスの選手がレスリング技術を修得できたのは吉原の功績だった。60年（昭和35）芳の里が返上した日本ライトヘビー級王座決定戦で大坪清隆を破り第2代王者となる。力道山の死後、日本プロレスの経営方針をめぐって遠藤幸吉らと対立して退社。67年（昭和42）、国際プロレス（インターナショナル・レスリング・エンタープライズ株式会社）を旗揚げした。吉原はレスリング人脈をフルに活かして海外から多くの強豪選手を招聘。ビル・ロビンソン、モンスター・ロシモフ（後のアンドレ・ザ・ジャイアント）、ジョージ・ゴーディエンコ、ホースト・ホフマンらヨーロッパスタイルのプロレスの面白さを知らしめた。また、日本側のエースとしてストロング小林、ラッシャー木村、マイティ井上、アニマル浜口らをスター選手に育て上げた。

○大坪清隆

（おおつぼ きよたか／ 1927-1982）

写真左。170センチ、93キロ。鳥取県出身。柔道5段。1950年（昭和25）、牛島辰熊8段と木村政彦7段の師弟が戦後骨抜きにされた武道復興のため旗揚げしたプロ柔道に遠藤幸吉らと参加。この団体の試合は〝指関節〟〝手首関節〟〝肩関節〟〝股関節〟〝脊椎への逆関節〟〝相手の肘関節を極めながら掛ける背負い投げ〟〝バスター（三角絞めなどをかけた相手を抱き上げての投げ）〟〝胴絞め〟も許されるなど、近代柔道を古流柔術へ先祖返りさせたようなルールが採用されていた。プロ柔道崩壊後、大坪は木村政彦が旗揚げした旧国際プロレスを経て日本プロレスへ移籍。小柄なためリング上で脚光を浴びることはなかったが、若手時代の猪木や上田馬之助を道場で鍛え上げ、引退後は日本プロレスのコーチとして後進の育成にあたり、ゴッチ教室でもカール・ゴッチの補佐役を務めた。

セメント・レスラーとして猪木にも一目置かれていた上田馬之助は大坪について著書『金狼の遺言』（上田馬之助・トシ倉森共著）に次のように記している。《私のバックボーンであるセメントレスリングの要となるサブミッションは、ほとんどが大坪さんから教えてもらった関節技を自分流にアレンジしたものだ。（中略）人間の急所を攻撃するサブミッションはいくらでもある。ある中国人に言わせると、急所は1000ヵ所らしい。セメントでは、そこを攻めるのが最も効率が良い。この急所攻撃は、サイドヘッドロックやグラウンド・ヘッドロックなどにも応用させてもらった。急所を攻められたら、どんなに相手に力があろうが、その力が出せなくなる。》《言うまでもなく、猪木さんを強くしたのも、また吉原さんと大坪さんだ。私たち2人の中には、同じ格闘家の遺伝子が生きている》

○長沢秀幸

（ながさわ ひでゆき／ 1924-1999）

写真右。176センチ、85キロ。本名、長沢日一（かいち）。大阪府出身。1953年（昭和28）実業団相撲から旧全日本プロレス入団。57年（昭和32）、力道山の要請により日本プロレスへ移籍した。アマチュア相撲時代、学生横綱の吉村道明も長沢に歯が立たなかったという実力を見込んでの誘いだった。相撲出身ながら関節技の腕前に定評があり、強さに加えて誠実な人柄にも力道山は絶大な信頼を寄せていた。長沢は猪木がスカウトされた60年（昭和35）のブラジル遠征に同行。日本プロレス道場では若者頭（わかいものがしら）として若手の育成を任されていた。入門当初、猪木も手ほどきを受け、62年（昭和37）にリングネームを猪木完至からアントニオ猪木に改名した際、最初の対戦相手を務めたのも長沢だった。

格闘技術解析 1

アームロックへの布石

リストロックで相手の左腕を極め、自らの左膝を相手の左脚に絡めて自由を奪う。次にその左膝を外し、逃れようとする相手の動きに合わせてポジションを移動。フィニッシュの腕がらみ＝アームロック（ダブルリストロック）へと移行していく。〝ノールール〟で行われたアクラム・ペールワン戦でも見せた動きだ。罠を仕掛け、誘導して極める——猪木が目指した〝格闘技のセオリーに反しない説得力あるプロレス〟の試合運びには、レスラーとしての出発点である日本プロレス道場で学んだ沖識名の柔術や大坪清隆の高専柔道の技術が色濃く反映していた。

下半身をロックして体重移動

©Essei Hara

うつぶせになった相手の左鼠蹊部（脚の付け根の斜めライン）に沿って猪木は自分の左脚を絡めて足先をフックさせ下半身を固定。さらに体重移動を使って相手の上半身に捻りを加えている。一見、何の変哲もない動きであるが、この状態から顔面の急所に当てた左腕に右腕をクラッチして捻りを加えれば〝頚椎〟にダメージを加えることができる。通常の試合であれば〝つなぎ技〟の局面に、実は真剣勝負を前提とした格闘技術が凝縮されていた。

3 スリーパー・ホールド

猪木は対戦相手である馳浩選手の頸動脈に左前腕の骨側面を圧し当て、その左手首を右手でフックして脇を絞っている。さらに引き寄せた馳選手の側頭部を自分の左肩で前へ圧し出しながら左顎で頭部を圧迫——肩と顎の2点で圧をかけ、そのまま後方へ引き倒せば相手は一時的な血流停止状態に陥り失神に至る（註／写真は猪木が左顎を馳選手の頭頂部に圧し当てる直前の段階）。

絞め落としてもなお

スリーパー・ホールドで絞め落とした後も猪木の左前腕の位置は変わらず、右手のフックに緩みもなく脇も締まったままだ。もはや対戦相手である木村健吾（健悟）選手は戦闘不能。それでも猪木は自分の右肩と胸で木村選手の左側頭部を押さえ、いつでも頚椎に止めを刺せる体勢を維持している。極論すればいつでも相手を殺せる状態。猪木のプロレスが発していた危険な香りは、つねに命のやり取りをも想定した緊張感にあった。

5 スリーパー・ホールドのコントロール術

スリーパー・ホールド。天龍源一郎選手の顎が上がっているため絞め落とすまでには至っていない。しかし、それは技が不完全なのではない。猪木が自分の顎の位置をずらし、天龍選手の頭部を押さえるポイントを外しているためだ。プロレスの試合において、このように猪木は技の決まり具合をコントロールし、対戦相手の本気度、その日の会場の空気などを見極めながら試合を展開させていた。真剣さを感じさせない対戦相手は徹底して追い込み、恐怖や怒りや怖れという生の感情を引き出す。そうして試合に本物の心の動きを反映させることで観客にも同様の感情を共有させ、自分の表現したい闘いの世界へ引き込んでいったのだ。プロレスはファイティングアーツ——格闘芸術。それは猪木の持論であり矜持でもあった。

プロレス黎明期の光景
日本プロレス道場を見続けた或る練習生の記憶

人形町木造一軒家〝力道山道場〟で産声を上げた日本プロレス

1953年（昭和28）3月6日、力道山が1年1ヵ月の米国遠征から凱旋した。大相撲を廃業したのち背水の陣でのぞんだ本場プロレス修行の戦績は270勝5敗。シングルマッチでの負けは3試合のみというルーキーとしては驚異的記録をひっさげての帰国だった。いたるところ焼け跡が眼につく東京はいまだ戦後復興の途上。盛場には闇市や不法建築のバラックが溢れ、でこぼこ道を神風タクシーが砂埃をまきあげて疾走し、行き交う勤め人や学生の傍らをパンパン連れのアメリカ兵が闊歩していた。

同じ年の7月30日、力道山は日本橋人形町に練習道場を開設。併せて『日本プロレスリング協会』（以下、日本プロレスと表記）の設立が発表された。『力道山レスリング練習場』――通称〝力道山道場〟は有力後援者から提供された木造一軒家を改築した急造施設。板張りのリングで受け身を取るたびに床が軋み、窓ガラスがびりびりと震えた。力道山が人生のすべてを懸けた日本プロレスの旗揚げまであと7ヵ月――荏原高校1年に在学していた長谷川保夫が力道山道場の門を叩いたのはそんな頃だった。

「あのころは学校同士の喧嘩が激しかったものですから。僕は腕っ節には自信があったんですが、要するに悪い連中と付き合わないで済む口実がほしかったんです。そんな矢先、力道山がアメリカから帰ってきて人形町に道場を開いたと聞きまして。さっそく覗きに行ったらリングがあって、その横にバーベルやボディビルの器具が置いてあった。それを見てすぐに入門を決めたんです」

戦後の民主教育は始まっていたものの、敗戦という未曾有の社会的混乱のど真ん中で育った若者たちの心は荒んでいた。いつ降りかかってくるかわからない暴力から我が身を守るために徒党を組む者も少なくなかった。

「入門してから学校でも一目置かれるようになって、ケンカやカツアゲに誘われても『今日は道場に行くから』の一言で免除されるようになりました。おかげで道を誤らずに済んだんです。僕はプロを目指す新弟子ではなく、一般練習生として会費を払ってボディビルをやるために通ってました。月謝は500円。当時の貨幣価値からすれば決して安い金額ではなかったです」

一般的には日本におけるボディビルは占領軍として乗り込んできたアメリカ兵たちの筋骨隆々とした肉体美への憧れから草の根的に広がり始めたとされる。若者たちはコンクリートを固めて手作りのバーベルを拵え、懸命に身体を鍛えていたという。その意味では、力道山道場は最先端のアスレティックジムの機能も備えていたことになる。

「ところが、道場へ行っても、そのボディビルのやり方を誰も教えてくれない。というのも、ようやく早稲田大学にボディビルのクラブができたかどうかという時代で、まだ日本中を見渡しても専門家といえる人間がほとんどいなかったんです。レスラーも大半が相撲か柔道出身でしょう、彼らも力道山がアメリカで教わってきたベンチプレスのやり方を真似してるだけで理論的なことはさっぱりわかっていませんでした。1人だけボディビル出身の方がいたんですがその人も自己流で。仕方なく、洋書の教本を買って自分でトレーニングの方法を勉強しました。最初のうちはバーベルもコンクリート。力道山だけは輸入物の鉄製を使っていて、巡業で留守にしている間は練習生もそれを使うのを許されていたんです。いまじゃ考えられないくらい舶来の道具は高価でしたからそれは嬉しかったですね。力道山はアメリカに行けば必ず新しい道具を買って帰ってきたので、そのたびに設備も充実していきました。道場の様子はいまでもよく憶えてます。入口の右側にベニヤ板で仕切った事務所、左側に2人分しかないシャワー室、正面奥のリングのまわりにベンチプレスの台やバーベルが置いてあって、壁にはとてもいい力道山の写真が飾ってありました」

〝衣紋掛け〟と呼ばれた吉原功も練習生だった

人形町の力道山道場で長谷川は、のちに日本プロレスと袂を分かって国際プロレスを旗揚げする吉原功とも出会う。

「吉原さんは早稲田大学を出て東洋製鋼に就職してたんですが、道場と会社が近かったので仕事帰りにウエイトトレーニングをやりにきてました。立場は練習生で僕の方が入門は少し早かった。上背はそれほどでもないんですが〝衣紋掛け〟と呼ばれるくらい肩幅があっていい体をしてました。筋が太いんですよ。そのうち力道山から『鍛えればレスラーになれる。来いよ』と声を掛けられてプロになったんです」

〝名門〟早大レスリング部（31年創部。日本最古のレスリング組織）で鳴らした吉原が力道山道場に通っていたのは国体出場に備えたトレーニングの一環だった。しかし、そもそも会社にはレスリング部がなく、力道山からの誘いを断る理由はなかった。以降、吉原がそれまでアマチュアレスリング経験者不在の日本プロレスに及ぼした影響は計り知れない。将来の進路を決めあぐねていた長谷川の背中を押したのも吉原だった。

「僕は高校を卒業したあとも1年くらい道場に通い続けてました。練習生のボディビルの指導は僕がやってましたから月謝は免除になってたし、巡業に同行してリングの運搬や組み立てを1回手伝えば500円ももらえた。プロレスは興行が多いからそれで金には困らなかったんですよ。そうこうしているうち、吉原さんから『おまえ、レスリングやりたいのか?』と訊かれて『やってみたいです』と答えたら『レスリングをやるなら中央か明治。どっちに行きたい』と。僕の兄貴は2人とも明治でした。それで吉原さんの口利きで、即、レスリング部の合宿所に入ることになったんです」

凄まじかった力道山の怒り

時を戻す。54年(昭和29)2月——前年に本放送を開始したばかりのNHKとNTV(日本テレビ放送網)が〝力道山・木村政彦vsシャープ兄弟〟を中継。珍しかった街頭テレビの前に大観衆が群がった。当時最先端のメディアを巻き込んだ力道山の戦略は見事に功を奏し、日本プロレスは爆発的ブームを巻き起こした。

「シャープ兄弟が来たときはまだ若手選手もいなかったでしょう、人手が無いもので僕らが前座のセコンドについたり、ゴングを鳴らしたり、いろいろやりましたよ」

一気にボディビル人気が高まったのもこの頃とされる。図らずも力道山道場でボディビルの指南役を担うようになっていた長谷川は、プロレスラーたちの筋肉を大きくするだけではない実戦に即した鍛錬の様子もつぶさに観察していた。

「レスラーたちはボディビルだけでなく、筋肉が硬くなりすぎないように〝腕立て〟〝スクワット〟〝うさぎ跳び〟も行って、基本として〝アマレス〟もよく練習してました。豊登さんはどちらかというと腕っ節専門。

レスリング出身の吉原さんが入ってきてからは、彼が練習の中心になってました。吉原さんのレスリングはどちらかというとパワーに頼っていて硬かったんですがとにかくスピードがあった。力道山も熱心に教わってましたよ。リキさんはとにかく練習する人で、僕が入門したころはまだ相撲の体つきでしたが、みるみる筋肉がついて体格が変わりました。でも、リキさんのスパーリングの相手は皆嫌がって。何をされるかわからないって怖がってたんです」

力道山の怖ろしさといえば凄絶なケンカマッチとなった『力道山・木村政彦戦』が思い起こされる。長谷川はこの歴史的一戦直前の異様な道場の様子も記憶していた。

「僕が入門したころ、力道山と木村政彦は道場で仲良く練習してました。でも、少ししたら仲違いして。とにかく、力道山という人は怒らせたら手が付けられなかった。木村政彦との試合の前、新聞記者が『木村さんが力道山には5分で勝てるといってます』なんて道場まで焚き付けにきたことがあって、そのとき力道山は平然と『リングで正々堂々やりましょう』と答えていたんですが、彼らがいなくなった途端『ふざけんな！許さねえ！』って大暴れして。若いレスラーを片っ端からリングに上げてバッカンバッカン叩きのめして、気絶すると水をぶっかけてまたリングに引っ張り上げて。怖ろしくてみんな柱の陰に隠れてました。いや、あれは凄かった……」

プロレスだからこそ本物を見せろ

54年（昭和29）12月22日、東京・蔵前国技館で行われた〝元関脇〟力道山と〝15年無敗、13年連続日本一〟の日本柔道史上最強王者・木村政彦によるプロレス日本ヘビー級王座決定戦は〝昭和の巌流島〟と呼ばれた。

結果は15分19秒、ドクターストップによる力道山のKO勝利。このあまりにも有名でなおかつ不可解な一戦にまつわる舞台裏の駆け引きについてはこれまでさまざまな著作などで語られてきたが、試合を目撃した空手の有段者（5段）でもある長谷川は冷静にこう振り返る。

「木村政彦戦の力道山は強かったというより、とにかくスピードがあった。どんな格闘技でも、空手でもボクシングでもスピードのあるほうが勝つ。相手が行動を起こすより先に仕掛ける。スピードはパンチの威力にも関係してきますし。力道山は筋力トレーニングもみっちりやって鍛えていたので打たれ強さもあった。それに対して木村さんは筋肉もすっかり落ちていた。まちがいなく下降線でした」

興味本位に〝相撲と柔道はどちらが強いのか〟と煽り立てていた新聞も手のひらを返したように力道山・木村政彦戦はスポーツではないと書き立てるなど物議を醸したが、結果としてプロレスは〝シュート〟（殺るか殺られるかの真剣勝負）を内包する世界であることを世間に強く印象付けた。そして、力道山は日本のプロレスを完全にアメリカンナイズされたスタイルにはせず、時と場合によってはシュートも許容する危険なグレーゾーンを残したのだった。そもそも日本プロレスは相撲や柔道を土台として出発していたこともあり、多くの観客もまた、ごく自然にプロレスを演劇的娯楽というより勝負事として捉える立場を選択した。それほど木村政彦戦で見せた力道山の気迫と怖さは本物だったのである。

「本物を見せたからこそ力道山はあそこまで行けたんですよ。空手チョップの入れ方も厳しかった。たいていレスラーのチョップは最後に力を弛めるんだけど、力道山の打ち方は違ってた。だからレスラーが手の合う者同士で馴れ合いみたいな試合をすると『てめえそんなもんでカネが貰えるか！　本気でやれ！』と怒ってました。アマチュアと違って観客を喜ばせなければならないプロレスはもちろんショーですが、だからこそ本物を見せなきゃいけない。外人の中には本気でくる相手だっていないとも限らない。彼らはでかいですから、いつでも本気でなかったら簡単に潰される。力道山はそう言いたかったんだと思います」

55年(昭和30)、人形町の力道山道場は通りを一つ隔てた日本橋富沢町へ移転。鉄筋5階建ての『日本プロレスリング・センター』に姿を変えた。翌56年(昭和31)に日本プロレス、山口道場(旧全日本プロレス協会)、アジアプロレス(旧国際プロレス)、東亜プロレスの4団体の選手が一堂に会したトーナメント『ウエイト別日本選手権』は、このプロレスリング・センターにおいて非公開で開催された。それは木村政彦を倒してプロレス日本一となった力道山による他団体掃討作戦であり試合もシュートで行われたといわれている。その思惑通り全階級の王座は日本プロレス勢が手中に収め、軍門に下った各団体の実力者たちも力道山の配下に加わった。ここにプロレス多団体時代は終わりを告げ、日本プロレス1強時代が幕を開けたのだった。

生き急いだ稀代のプロレスラー

一般家庭へのテレビの急激な普及と共にプロレス人気はより盤石なものとなっていった。それを決定づけたのが59年(昭和34)に始まった『ワールド大リーグ戦』。世界中から強豪レスラーを集め、総当たりリーグ戦を行って〝世界一〟を決めるというこの企画は爆発的ヒットとなった。しかし、60年代に入ると力道山は〝自身の肉体の衰え〟という最大の危機に直面する。

力道山と親交のあった〝六本木のマフィア〟ニコラ・ザペッティの生涯を描いたロバート・ホワイティング著『東京アンダーワールド』(角川文庫)にはこんな記述がある。

《試合前は、闘志をかき立てるために興奮剤を、試合後は、興奮を静めるために鎮静剤を、寝る前には、大量のアルコールを飲んでから、睡眠薬を常用。年間200試合をこなす彼にとって、これは科学的にも別の意味でも、肉体にかなりの負担を強いていたことは間違いない。午前中は朦朧としているものの、午後になって薬が切れ、ジムで練習を始めるころには、抑えがたい暴行癖が襲ってくる。周囲に居合わせた者は、とんだとばっちりを食らうことになる》（原文ママ）

同じ頃、事業欲も人並外れていた力道山は、ナイトクラブ（クラブ・リキ）、高級賃貸マンション（リキ・マンション）、複合レジャービル（リキ・スポーツパレス）の経営から、ついにはレジャー時代の到来を見越した巨大なリゾート開発にまで乗り出していた。とはいえ、莫大な事業資金の調達は容易ではなかった。そもそも、プロレス以外のビジネスのほぼすべてが借金による自転車操業。やがて高利の金融業者からの借り入れが膨らみ始めると、その利息の支払いに追われて本業で稼いでいるレスラーたちのギャラにも事欠くようになった。極限の借金苦と体力の限界から迫りくる底なしの不安。制御不能に陥った力道山の暴走は日に日にエスカレートしていった。

そして危惧していた事態が現実となった。63年（昭和38）12月8日、赤坂のナイトクラブで遊興中、些細な口論から暴力団員に左脇腹を刺される事件が発生。応急処置をして自宅へ帰るがその2日後に入院。手術後の経過は順調と発表された。ところが、15日の朝に容態が急変。直ちに再手術が行われたものの、その日のうちに帰らぬ人となった。なお、力道山の死因については長い間〝1度目の手術後の暴飲暴食説〟が信じられていたが、近年になって〝麻酔を担当した外科医の気管挿管の失敗による医療事故説〟が有力視されている。

日本プロレスは3団体に分裂

〝一代のカリスマ〟力道山の急逝後、日本プロレスの実権は豊登道春、遠藤幸吉、吉村道明、芳の里淳三らが掌握した。2代目社長にしてエースとなった豊登と幹部たちは力道山の負の遺産である莫大な借金の整理、その死に暗い影を落とした裏社会との関係の精算などに奔走。どうにか存亡の危機を乗り越える。ところが、あろうことか、今度はその豊登が会社を私物化。当時の金額にして2000万円以上ともいわれるカネをギャンブルに注ぎ込んでいた事実が発覚した。

日本プロレスは豊登の社長解任を決議。除名処分とした。それを不服とする豊登は報復としてアメリカ遠征から帰国直前だったアントニオ猪木とハワイで接触。「いま会社に戻っても、おまえは永遠に馬場より格下の扱いだ」と言葉巧みに説得、自陣への引き入れに成功する。66年（昭和41）10月12日、東京・蔵前国技館にて〝東京プロレス〟旗揚げ。メインイベントの〝アントニオ猪木vsジョニー・バレンタイン〟は9000人の観衆を熱狂させる名勝負となり、プロレスファンに新時代の到来を予感させた。

同月24日、力道山が「プロレスにも相撲の国技館のような常設会場を」と総工費15億を投じて61年（昭和36）に建設した地上9階・地下1階、最大収容人員3000人のホールを備えた総合スポーツレジャービル『リキ・スポーツパレス』の売却を決定した経営陣に反発して日本プロレスを飛び出した吉原功は、アメリカでトップレスラーとして活躍するフリーランスのヒロ・マツダと手を組んで『国際プロレス』（インターナショナル・レスリング・エンタープライズ株式会社）設立を発表。力道山の死から3年も経たずして、一枚岩を誇った日本プロレスは3団体に分裂。再び戦国時代に突入したのだった。

束の間だった国際プロレスと東京プロレスの蜜月

67年（昭和42）1月5日――国際プロレスは東京プロレスと合同で『パイオニア・シリーズ』を開幕させた。日本橋人形町の力道山道場でレスラーたちに揉まれて青春期を過ごした長谷川は〝恩人〟吉原功の要請を受け、迷うことなく新団体旗揚げに参画した。

「僕はリングアナウンサーとして国際に入ったんですが、なにせ人手が足りないものだからいろいろやりましたよ。選手のコールをしたあとはリングサイドの本部席でタイムキーパー（時間計測係）。試合中、自前のカメラで記録写真も撮影して、大型免許を持っていたのでリングを運搬する移動トラックの運転もしました。その車輌も僕が買い付けからして、荷台のところには浅草の映画の絵看板屋に頼んでレスラーを描いてもらったんです。ところが、長崎に行ったとき、電柱で車体をバリバリバリって擦ってしまった。それがヒロ・マツダの顔のところで。小島（泰弘・マツダの本名）とは同い年で昔から友だちだったから文句はいわれなかったけど、だいぶムッとされました」

かつて師匠の力道山に反発して日本プロレスを飛び出したヒロ・マツダも荏原高校の同級生。海外渡航後もエアメールで近況を知らせ合っていた。

多忙を極めていた長谷川だったが、もうひとつ気掛かりがあった。東京プロレスの行く末である。旗揚げ戦こそ大成功を収めたものの、豊登による出鱈目な団体運営に失望した猪木は決別を選択。若手時代から信頼していた吉原が立ち上げた国際プロレスとの業務提携に活路を見出そうとしていた。その猪木と行動を共にする後輩レスラーの中に、明治大学レスリング部出身の斎藤昌典（マサ斎藤）の姿もあった。

“若きエース”猪木と“オリンピアン”マサ斎藤のスパーリング

「ヒロ・マツダとアントニオ猪木は本当にレスリングが巧くてお客さんもよく入りました。ただ、リングを下りれば猪木さんは豊登さんが使い込んだカネの尻拭いをさせられて気の毒でした。豊登さんは博打さえやらなければ人間的には最高の方だったんですよ。人形町の頃から僕みたいな若造にも気さくに接してくれて。それもあって、大学の後輩の斎藤君からプロレスをやりたいと相談されたとき、僕がリキパレスに連れていって豊登さんに引き合わせたんです。斎藤君の処遇については『東京オリンピックに出たという看板もあるし中堅どころで使ってやる』と約束してもらえてすっかり安心していたんですが、その後、東京プロレスに引っ張られてしまって……」

すでに会社としての機能を失った東京プロレスは所属選手の給料はおろかその日の米代にも事欠き、練習場所すらないという有様だった。そんな窮状を目の当たりにして、長谷川も手を差しのべずにはいられなかった。

「僕が同行して大学側に内緒でレスリング部の道場を使わせてもらったんです。といっても大っぴらにプロレスの練習をやるわけにもいきません。実際、そのときやったのはアマレスの練習でした。タックルとかスパーリングとか。ひと回り体が違っていたこともありますが、アマレスをやっても猪木さんの方が強かった。なにしろスピードが違いました」

後年、斎藤も次のように述懐している。

「それからアマレスしか知らなかった俺はプロのサブミッションを教えられた。プロとして自分の体を守る武器を猪木さんに叩き込まれたんだよ」

猪木の日本プロレス復帰が運命の分岐点に

本場アメリカマットでも正統派と認められたマツダと猪木の〝スピード&テクニック〟は喝采をもってファンに迎え入れられた。しかし、テレビ局と放映契約を結べていなかった国際プロレスは地方興行で苦戦。旗揚げシリーズの目玉であるNWAジュニア・ヘビー級王者ダニー・ホッジら外国人選手の高額報酬の支払いも負担となり、早くも資金難に陥ってしまった。追い討ちをかけるように吉原と猪木の間で豊登の欠場をめぐる契約金トラブルが発生。結局、猪木は高崎山三吉（北沢幹之）、永源勝（永源遙）、柴田勝久らと共に日本プロレスへ復帰。東京プロレスは完全に消滅した。行き場を失った木村正雄（ラッシャー木村）、マンモス鈴木、仙台強（大剛鉄之助）、寺西勇らは国際プロレスに残留。斎藤昌典は渡米してフリーランスとして再出発する道を選んだ。

一方、長谷川もテレビ放映を巡るTBSの介入やマツダの離脱、経営陣の相次ぐ交代を機に辞表を提出。人形町の力道山道場の門を叩いた日から14年――以降、プロレス界とは無縁の人生を歩むこととなった。

©Essei Hara

　プロレス黎明期の光景日本プロレス道場を見続けた或る練習生の記憶

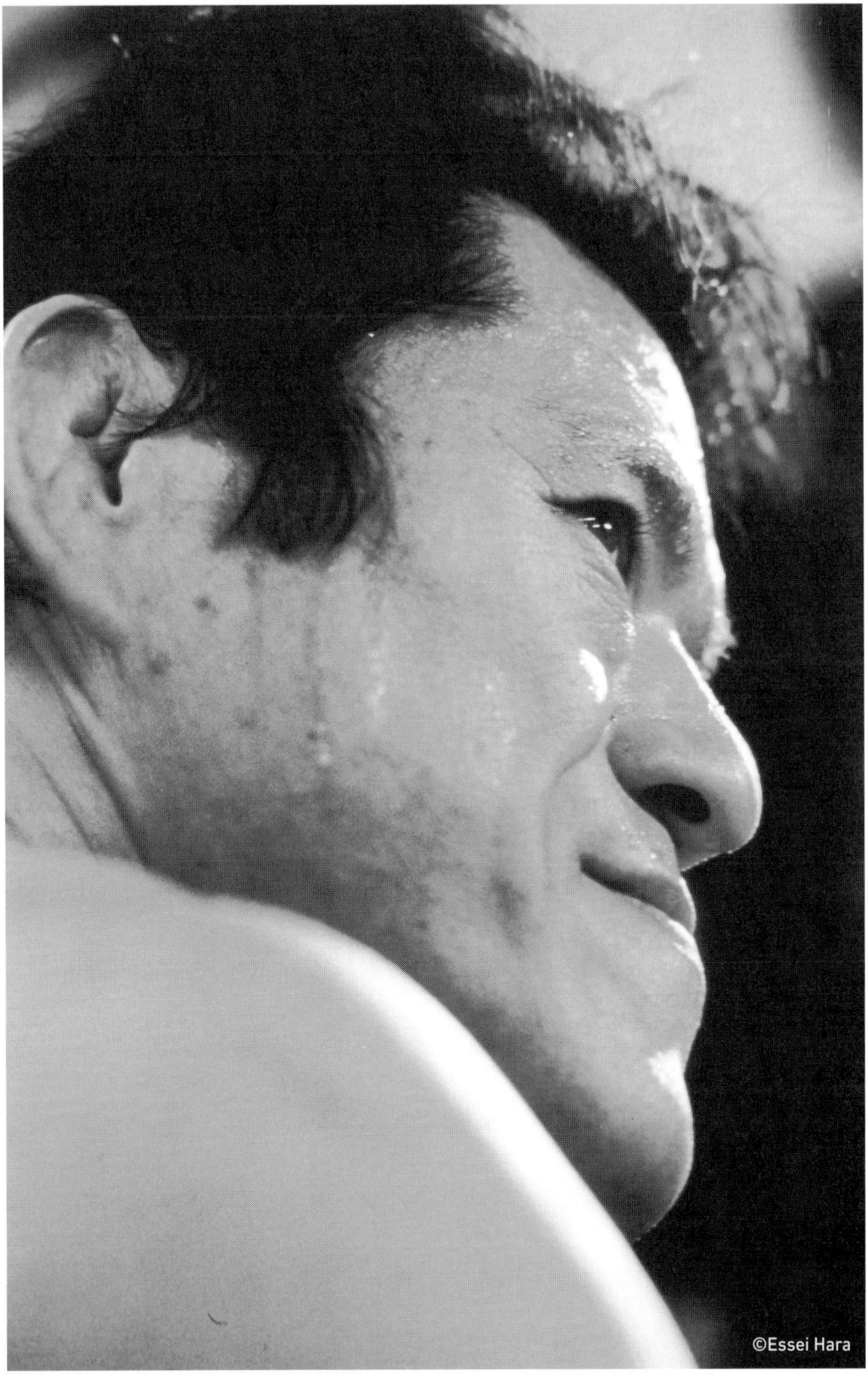

ゴッチが学んだ格闘技プロレス キャッチ・アズ・キャッチ・キャン

キャッチ＝シュート＝プロレスの時代

19世紀後半、近代プロレスはアメリカで産声を上げた。移民によって伝えられたイギリス発祥のレスリング〝キャッチ・アズ・キャッチ・キャン〟（CACC）がその原形である。キャッチ・アズ・キャッチ・キャンという独特の言い回しはランカシャー地方の方言で「掴まえられるものなら掴まえてみろ！」「やれるものならやってみろ！」の意味。〝キャッチ〟〝ランカシャーレスリング〟とも呼ばれ、投げや押さえ込みといった通常のレスリング技に加え、〝サブミッション〟（相手を戦闘不能にする多彩な関節技・絞め技）のテクニックを用いて試合が行われた。

当時のプロレス＝キャッチは賭博の対象とされ、レスラーは素手の賞金稼ぎといった存在だった。したがって勝負に第三者の意志が介在する余地はなく、試合はすべて〝シュート〟が原則。１００年前、プロレスは純然たる格闘技だったのである。

20世紀初頭、講道館柔道普及のために世界中を転戦していた前田光世（コンデ・コマ）もロンドンでキャッチのトーナメントに出場した記録が残っている。前田はこのあとブラジルへ渡って〝ブラジリアン柔術〟の始祖となるのであるが、キャッチ・レスラーとの対戦が彼の技術に少なからず影響を与えたであろうことは想像に難くない。この時代、打倒キャッチを果たして名を上げることは世界中の格闘家の誉れ――キャッチはそれだけの強さを保持した誇り高き格闘技だった。

〝蛇の穴〟ビリー・ライレー・ジム

キャッチの本場イギリス・マンチェスター州ウィガン。そこにビリー・ライレーというキャッチの達人がいた。元大英帝国ミドル級チャンピオン。ライレーは1920年代にジムを開き、ビリー・ジョイス、カール・ゴッチ、ビル・ロビンソンといったプロレス史に残る伝説的レスラーを輩出したことで知られている。ジムの正式名称は『ビリー・ライレー・ジム』。だが、炭坑の街として栄えたウィガンには至るところ坑道の穴があったことと、ライレー・ジム出身のレスラーは、皆、蛇のようにしつこく絡み付くファイトをすることから、いつしかそこは〝蛇の穴〟(スネークピット)と呼ばれて怖れられるようになった。劇画『タイガーマスク』に登場する覆面レスラー養成機関〝虎の穴〟はこの〝蛇の穴〟のもじり。最強レスラー養成所は、たしかに実在していたのだった。

〝シュート〟から〝ショー・プロレス〟へ

しかし、第2次世界大戦前後から、急速にマット界はショー化の一途を辿る。プロモーターの権限が強くなり、興行の都合が最優先されるようになったことが最大の要因だった。戦争の影響によって、ナショナリズムや国民感情を反映したマッチメイクでなければ客を動員できなくなったためだ。とくに広大な国土に多民族が共存するアメリカでは、テリトリーによってそこに住む民族も異なればヒーロー像も違ってくる。レスラーに求められるのは、もはやキャッチの実力＝強さよりタレント性。新たな娯楽の中心となったテレビ中継の人気もそれに拍車をかけた。すべては時代の要請であり、観客の選択だった。

やがて、強過ぎるレスラーは〝シュート〟〝シューター〟と呼ばれ、プロレスをタレント稼業と捉えるようになった大多数のレスラーたちに疎まれるようになった。中には圧倒的な強さと王者に相応しい風格を兼ね備えた〝鉄人〟ルー・テーズのような例外もあったが、概ねキャッチの本格的な使い手は姿を消していった。プロモーターに与えられたキャラクターを演じることが仕事になったレスラーにとって、武道にも似たストイックで上達に長い時間を要するキャッチの修練はもはや無用の長物。テレビの普及がもっとも進んでいたアメリカにおいて、より派手さを要求されるようになったプロレスから地味でわかりにくいキャッチの攻防が排除されていったのも無理からぬことではあった。

それでも、本物の強さにこだわるレスラーは存在した。そして、その最右翼であるカール・ゴッチ、ビル・ロビンソンとアントニオ猪木の出会いがきっかけとなり、ヨーロッパ発祥のキャッチの技術は遠く日本の地に根を下ろし、命脈を繋いだのである。

●カール・ゴッチ（1924-2007）

184センチ、110キロ。本名カレル・アルフォンス・セシル・イスタス。ベルギー・アントワープ出身。グレコローマン、フリースタイルレスリングでベルギー王座を各7度獲得。48年、ロンドン五輪出場。50年、プロレスデビュー。翌51年よりイギリスの〝スネークピット（蛇の穴）〟ビリー・ライレー・ジムにてビリー・ジョイスに師事。ランカシャーレスリング（キャッチ・アズ・キャッチ・キャン）の指導を受ける。60年、カール・クラウザーのリングネームで米国マットデビュー。NWA イースタン・ステーツ・ヘビー級、オハイオ地区認定 AWA 世界ヘビー級王座獲得後、63年から64年にかけて〝鉄人〟ルー・テーズが保持するNWA 世界ヘビー級王座に9回挑戦。「私をもっとも苦しめた挑戦者」と言わしめた。その後、妥協なきファイトスタイルゆえに危険人物視されるようになったゴッチはシングルのメジャータイトルへの挑戦の機会に恵まれず、長らく〝無冠の帝王〟と呼ばれ続けた。初来日は61年（昭和36）5月『第3回ワールド大リーグ戦』。吉村道明戦で〝プロレスの芸術品〟ジャーマン・スープレックス・ホールドを初披露。日本のプロレスファンに衝撃を与えた。68年（昭和43）、日本プロレスはゴッチに専任コーチ就任を要請。絶対的エースのジャイアント馬場と名実共に肩を並べようとしていたアントニオ猪木に〝卍固め〟〝ジャーマン・スープレックス〟を伝授。72年（昭和47）、猪木が新日本プロレスを旗揚げすると、ゴッチ流の技術やトレーニング理論はさらに猪木の弟子たちへと受け継がれ、プロレス界のみならず格闘技界にまで広く浸透していった。

アントニオ猪木

かく語りき 2

「〝プロレスの神様〟ゴッチから合理的なトレーニング方法を学びプロとしての闘いに不可欠な余裕を身につけることができた」

日本プロレスがゴッチさんをコーチとして招聘してくれたときは本当に嬉しかった。ゴッチさんの教え方はそれまでの非科学的なトレーニングとは違ってすべてが理論に裏打ちされた合理的なもので納得できたし、ともすれば単調になりがちな練習にバリエーションをつけてもらえた。おかげできついはずの練習も楽しくてしょうがなかった。その後の新日本プロレス道場にも取り入れた筋肉の柔軟性を失わないように工夫されたトレーニングのノウハウはこのときに吸収させてもらった。

もっともやりがいがあったのはグラウンドの練習。その頃、俺はすでにメインイベンターになっていたが、ゴッチさんとスパーリングをすればするほど自分がどんどん強くなっていくのを実感できた。

当時の俺はどちらかというと天性の素質に頼ったレスリングをしていて、ある程度

©Essei Hara

のレベルで上達が止まっていたように感じていた。また、レスラーとしてはどちらかといえば細い部類に入るから、どうしてもデカい外人選手とやるときは力負けしないように目いっぱいの状態になっていた。それがゴッチさんから寝技を学ぶことで強さへの自信が増し、目いっぱいの力を出さないとできなかったことがスーッと自然にこなせるようになった。レスリングに深みが生じたんだ。

相手レスラーと同時に観客も相手にしなければならないプロレスラーは、自分の強さというものに余裕を持たなければならない。そういう意味でゴッチさんから学んだことは俺の生涯の財産になった。

カール・ゴッチが猪木に与えた啓示

カール・ゴッチが初来日を果たしたのは1961年（昭和36）5月に開催された『第3回ワールド大リーグ戦』。神宮外苑で満員の大型バス3台を引っ張るデモンストレーションで話題を集めた〝密林男〟グレート・アントニオ旋風が吹き荒れたシリーズである。猪木は入門2年目の18歳。同シリーズ中、ライバルの馬場正平とシングルで初対戦して羽交い絞めに敗れた。後年、猪木は筆者に「寝かしさえすれば絶対に負けなかったんだけど、そこまで持っていく前にあの脚の力でボーンと跳ね返されてしまうんだ」と語り、当時は圧倒的体格差をどうしても克服できなかったことを認めていた。

ゴッチとはじめて出会ったのは、まさにそんな壁にぶち当たったときだった。体重200キロのグレート・アントニオを子供扱いし、一流レスラーたちと相対しても達人の演武の如き完成されたファイトを繰り広げるゴッチを目の当たりにした猪木は衝撃を受けた。理詰めの試合運び、緻密な関節技、華麗なスープレックス——そこには猪木が求めているすべてが揃っていた。自分が追求すべきレスラーの理想像をゴッチの中に見出したのである。

ゴッチ教室

67年（昭和42）11月、日本プロレスはゴッチを正式にコーチとして招聘した。正式という断りがつくのは、64年（昭和39）にもヒロ・マツダの提案によって若手を対象にしたトレーニングが行われていたからだ（註／単身海外へ渡ったマツダはゴッチに師事したのをきっかけに才能を開花。アメリカでトップレスラーの仲間入りを果たすまでに成長した）。この通称〝ゴッチ教室〟が開始されると、前回はアメリカ修行中につき参加できなかった猪木は、メインイベンターの立場でありながら率先して練習に参加。テネシー地区転戦中にもゴッチの弟子であるマツダから間接的に〝ゴッチ流レスリング〟の影響を受けていた猪木にとって、直に指導を受けられる機会は願ってもないものだった。

ゴッチは当時の猪木について次のように語っている。

「日本人は世界中で1番教えやすいが、時々困ってしまうくらい一生懸命なんだ。とくに猪木はやめろと言っても、明日という日がないみたいにやるんだから、こっちが参ってしまう」

練習の虫であるゴッチと猪木が瞬く間に意気投合したのは必然の流れであった。

ゴッチは〝3つのT〟――〝トレーニング〟〝テクニック〟〝タクティクス〟のどれか1つが欠けていてもレスラーとしては失格だという信念を持っていた。それに基づき、まず若い選手たちにコンディショニングプログラムと呼ばれるレスラーとしての適性判断テストを行い、〝持久力〟〝パワー〟〝スピード〟〝敏捷性〟〝インテリジェンス〟といった能力のバランスを把握した上でトレーニングを命じた。

練習プログラムは身体のさまざまな部位の鍛錬に分かれており、スクワット、プッシュアップ、ロープクライミング等々、バーベルのような器具を使わず、自分の体重を使ってあらゆる角度に身体を動かすことでレスリングに適した筋肉を身につけられるよう綿密に設計されていた。そして入念なブリッジの練習を終えたあとのスパーリングではゴッチが自ら技をかける形でキャッチ・アズ・キャッチ・キャンの高度な技術や〝裏技〟を伝授。痛みと共に〝シュート〟(真剣勝負)の攻防テクニックを実戦形式で伝授した。

アントニオ猪木

かく語りき 2

猪木が人生最大の痛みを味わった技

アントニオ猪木にこんな質問をしたことがある。

「今までにかけられた技で1番痛かった技はどんな技ですか?」

しばらく考えた後、猪木はこう答えた。

「昔、カール・ゴッチさんとスパーリングした時、俺が下で俯せになってガードしてると顎にすごい衝撃があって口の中がざっくり切れたことがあったんですよ。グラウンドでは完全にガードの状態に入られてしまうと相手の体は根が張ったみたいに動かなくなる。いくらゴッチさんといえども、その状態になると簡単に技はかけられない。それで、拳骨で顎を打って、そのまま抉るように擦りつけたわけですね。一瞬、打たれた衝撃で隙が出来るでしょう、そこで技に入ろうとしたんですよ。ゴッチさんにしてみれば、俺なんかは若造でしたから1発で極めなければ気が済まなかったんでしょう」

亀の状態の相手のガードを崩すのに拳で顔面を打つのはプロレスにおいても反則だが、ゴッチはフェイスロックを仕掛けるように見せかけて顔面に一撃を加えるという荒っぽいテクニックも使っていたのだ。かつて、新日本プロレスのリングでは相手の頬骨を手首でしごく顔面急所責めが頻繁に見られた。使い手ナンバー1は猪木だったのであるが、どうやらそのルーツはゴッチがなりふり構わず繰り出した裏技にあったようだ。

©Essei Hara

格闘技術解析 6
フェイスロックへの布石

猪木は対戦相手の前田明（日明）選手の背中に巧みに重心をかけて身動きの取れない状態にしている。握った拳はフェイスロックへ移行する準備。おそらくゴッチはこのような体勢から拳で猪木の顔面に一撃を加えたのではないかと推察される。さらに、この状態で頸椎上部に一撃を加えればそれだけ相手を戦闘不能にすることも可能だ。猪木のグラウンドの攻防には、いつ一線を越えるかわからない殺気が漲っていた。

ストロングスタイル誕生と新日本プロレス旗揚げの背景

オリンピックイヤーとプロスポーツブーム

猪木が新日本プロレスを旗揚げした1972年（昭和47）はオリンピックイヤーとあってスポーツ界は大いに盛り上がりをみせていた。札幌オリンピック（冬季大会）では70メートル級ジャンプで〝日の丸飛行隊〟が金銀銅を独占。半年後のミュンヘンオリンピック（夏季大会）でも男子バレーボールと男子体操陣がゴールドラッシュ。金メダル13個獲得は64年（昭和39）の東京オリンピックに次ぐ高成績だった。

興奮醒めやらぬ翌73年（昭和48）プロスポーツ人気が沸騰する。読売巨人軍が阪神を130試合目に逆転してリーグ優勝を果たし、つづく日本シリーズでも南海ホークスを破って前人未踏の9連覇を達成。大相撲では輪島が初土俵から3年半で最高位の横綱へ上り詰め、〝角界のプリンス〟大関・貴ノ花と共に人気を牽引した。さらにボクシングの輪島功一もWBA・WBC世界ジュニアミドル級（現スーパーウエルター級）タイトルの防衛記録を5回に伸ばし、〝キックの鬼〟沢村忠が日本プロスポーツ大賞を獲得するなど話題に事欠かなかった。が、数年前まで馬場・猪木の2枚看板の活躍で絶大な人気を誇っていたプロレスは蚊帳の外。とくに猪木はどん底から這い上がるためもがき苦しんでいた。

〝乗っ取り犯〟という汚名のダメージ

71年（昭和46）12月、日本プロレス幹部役員の乱脈経営に異を唱えて改革に乗り出した猪木は逆に〝会社乗っ取り〟を企てた〝主犯〟として追放され、翌72年（昭和47）1月、自ら新団体『新日本プロレスリング株式会社』の設立に踏み切った。しかし、〝正統派〟〝スポーツマン（かつてこの言葉は爽やかで清廉潔白な者の代名詞としてよく使われていた）〟というクリーンイメージを売り物にしていた猪木にとって〝乗っ取り犯〟の汚名を着せられたダメージは想像以上に尾を引いた。

日本プロレス側がおそらく意図的に使ったであろう〝乗っ取り〟という表現は、70年（昭和45）3月に起きた赤軍派を名乗るテロリスト集団による日本航空351便〝よど号ハイジャック事件〟の衝撃を生々しく想起させた。もちろん狙いはそこにあり、実際には一企業の内輪揉めに過ぎなかったこの一件をことさらスキャンダラスな出来事として世間に印象付け、猪木を悪役に仕立て上げることにまんまと成功した。当時はプロレスを扱うメディアも限られていたため情報操作は造作もないことだったのだ。猪木も会見で懸命に反論を試みたのであるが、端からプロレスを色眼鏡で見ていた一般マスコミおよび世間の反応は冷淡だった。いうまでもなく猪木と過激派の間には何の関係もない。だが、悪意ある印象操作にせよ、1度はテロリストを連想させる〝乗っ取り犯〟と呼ばれて後ろ指を差された猪木は、この時点で、大袈裟でなく社会的に抹殺されたといっても過言ではなかった。

猪木追放の顛末

猪木追放の原因とされる日本プロレス社内クーデターは、当初、所属選手全員の総意のもとに計画されていたという。乱脈経営の元凶とされる幹部役員を失脚させ、健全な経営体制を選手主導で再構築する。それは至極真っ当な計画だった。ところが、そもそも改革の必要性を猪木に訴えたといわれる上田馬之助の密告によって事態は一変。逆襲に転じた幹部側が馬場も含め他の選手たちの懐柔を行った結果、猪木1人が梯子を外されてスケープゴートにされたというのがことの顛末とされている。晩年まで尾をひくことになる猪木の根深い人間不信はこのとき決定づけられたのは間違いないのであるが、事態を〝猪木追放〟にまでエスカレートさせてしまった原因は猪木自身にもあった。そもそも、1度は日本プロレスに反旗を翻して東京プロレスに身を投じておきながら、団体が崩壊すると馬場に次ぐナンバー2として迎え入れられた猪木の処遇に対し、不信感や嫉妬の念を抱いていた選手は少なくなかったのだ。

強さへの反感

猪木追放には前述のゴッチ教室も関係していた。そもそもゴッチが教えていたのは〝シュートの強さ〟＝〝人に見せないプロレス〟の技術。従来、そのような強さは道場の中だけの秘密でしかなく、それとリング上における序列は必ずしも一致しないというのがプロレス団体および業界全体の常識だった。プロレスはショービジネス。客に受けさえすればいい。なにも強くなるためにわざわざ苦しい思いをして〝客に見せられない技術〟を修得することに何の意味があるのか。そう考える選手の方が大勢を占めていた。結果、日本プロレスの選手はごく一部の強さを追求する先鋭集団とそうでない者たちに分断され、その志向の違いと温度差が時間の経過と共に〝強さの格差〟を生じさせ、それが団体内の亀裂を広げていった。実際、猪木は69年（昭和44）にゴッチ教室が終了したあとも〝人に見せないプロレス〟のトレーニングを黙々と続け、やがて序列ナンバー1であるジャイアント馬場の立場を脅かし始めたのだった。体力の衰えを隠せなくなってきた馬場と自信を深める一方の猪木。その勢いの差がもはや誰の目にも明らかになってくると、猪木への反感はピークに達したのである。

その頃、団体内に立ち込めていた不穏な空気について、猪木率いる先鋭集団に属していた北沢幹之はこう証言している。

「試合で私がサムソン轡田《くつわだ》に（セメント試合を）仕掛けられたときがあったんです。目つきをみたら、こいつ、なにかやってくるなと。案の定、125キロくらいあった轡田が力任せに拳を振り回してきた。こんなパンチ当たるわけないとは思ったんですけど、そっちがその気ならと1発パンチを顎に入れたらぶっ倒れて白目むいちゃって。これはたいへんな事故が起こったかもしれないと慌てたんでしょう、芳の里さんまでリングに上がってきました。こっちは顎に入っただけだから大丈夫だとたいして心配もしなかったんですけど、控え室に戻ったらみんなから冷ややかな目で見られて…。そのとき、猪木さんだけが『よくやった』と言ってくれて。それで気持ちが軽くなったんです。当時、日プロ内部では派閥争いが凄くて、殺るか殺られるかみたいな、ぴりぴりした緊張感がつねにあったんです。だから自分も可愛がってた新弟子の藤波（辰巳）が変なイジメを受けていないか、いつも目を光らせてました。練習でがんがんやられるのは仕方ないですけど、試合でされたら絶対許さないつもりでした。あからさまなイジメをやる人がけっこう多かったんですよ。でも、猪木さんは絶対にそういうことはしませんでしたね」

称賛されるべき強さが疎まれて迫害される——もし、仮に社内クーデターが成功していたとしても、いずれにせよ日本プロレスという団体に未来はなかったに違いない。

スポーツとしてのプロレスを確立するための布石

日本プロレス追放からわずか3カ月。1972年（昭和47）3月6日、新日本プロレスは東京・大田区体育館に5000人（満員）の観衆を集めて旗揚げ戦を行った。メインイベントは〝カール・ゴッチvsアントニオ猪木〟——プロレスファン待望の初対決は時を超えた師弟によるドリームマッチだった。ゴッチ47歳、猪木29歳。体力的に下り坂のゴッチに対して充実期にある猪木。18歳という年齢差からみてもスタミナのある猪木有利は動かないと思われた。

試合は両者共ロープワークを使わないシビアなグラウンドの展開となった。猪木の首攻めに対しゴッチは腕攻めで対抗。密着してスタミナを奪いたい猪木とそれを嫌うゴッチ。猪木の技はことごとく切り返され、主導権は終始ゴッチが握り続けた。猪木が作り出した見せ場は約30秒間続いた〝変形鎌固め〟と不完全に終わった〝卍固め〟のみ。最後はその卍固めをゴッチがリバース・スープレックスで返してフォール勝ち（15分10秒体固め）。記念すべき旗揚げ戦でエースが敗れるというプロレスらしからぬ異例の決着にも、観衆は惜しみない喝采を送ったのだった。

極論を言えば、猪木はこの試合、勝ち負けにはこだわっていなかった。なぜなら、猪木の目的は〝悪役レスラーの汚い攻撃にひたすら耐え抜いた善玉レスラーが土壇場に必殺技で逆転勝利する〟という定型化したプロレスのパターンの破壊にあったからだ。とはいえ観客のほとんどは絶対的エース誕生の瞬間を期待しているのはあきらかだった。一方、窮地の猪木を応援するプロレスファンは前提として〝カール・ゴッチはアントニオ猪木の師匠であり、孤立無縁の弟子のために駆けつけてくれた恩人〟という好意的見方をしていた。つまり観客の側にも猪木が勝たなければ納得がいかないという空気はなく、求められていたのはゴッチと猪木にしかできない名勝負——純度の高いレスリングだった。

新日本プロレスの原点がカール・ゴッチである理由

冒頭に述べたように、この一戦が行われた72年(昭和47)は札幌オリンピックの感動と興奮で幕を開けた。猪木がスポーツとして胸を張れるプロレスを実践することで時流に乗り、人生最大の難局を乗り越えようとしていたのは間違いない。その際、心の支えとなったのが「鍛え抜かれた技と力と精神の強い者がリング上で勝者となるレスリングがストロングスタイル。純粋なプロフェッショナル・レスリングだ」というゴッチの教えだった。また、アメリカマット界と強力なパイプを持つ日本プロレスを追放された猪木には客を呼べる有名外国人選手を招聘する手立てがなく、選手としてもブッカーとしてもカール・ゴッチだけが頼りの状態にあった。

プロモーター兼任の立場となった猪木は一計を案じた。〝無冠の帝王〟と呼ばれるゴッチこそ〝実力世界一〟と信じるファンやプロレスマスコミの心理を利用してゴッチを〝神格化〟するという戦略=ブランド化に打って出たのである。さらにトレーナーとしても類稀な才能を持つゴッチの流儀を選手育成の柱にすることで、純度の高いレスリング=格闘競技としてのプロレスを標榜する団体であるというコンセプトを明確にした。それによって新日本プロレスこそ〝実力世界一〟〝プロレスの神様〟直系の誇り高き団体であるというイメージを早い段階で作り上げることに成功したのだった。

しかし、結論から言うとこの試みは大きな捩れを生じさせ、後のＵＷＦ勢の離脱へと繋がっていく。ゴッチ流が新日本プロレスの王道となり、また、多忙を極める猪木が人知れず真夜中にトレーニングを行うようになったことで、いつしか道場における猪木の影響力も低下していったのだ。厳密に言えば、新日本プロレス所属選手であっても、ゴッチに師事した者はゴッチの弟子であり、猪木の弟子という関係ではなくなった。そしてそのために、猪木がかつて日本プロレス道場で吸収していた柔術や高専柔道由来の技術はほとんど継承されなかったのである。

アントニオ猪木だけが技術面において特異な存在であり続けたのはそのためだった。

完成されたCACCの技術を合理的にコーチするゴッチに対し、さまざまな格闘技（柔術、高専柔道、アマレス）のエッセンスを独自の身体感覚でマスターしていた猪木はその複雑なメカニズムを弟子たちに伝えることができなかった。結局、猪木の独特の技術は一代限りに終わった。また、ストロングスタイルのバックボーンとなったゴッチ流のレスリング技術も、UWF勢の離脱を契機に新日本プロレスのリングから姿を消していった。

©Essei Hara

アントニオ猪木
かく語りき 3

『全米マット界の黄金時代を知る偉大なレジェンドたちから俺はさまざまなエッセンスを吸収しながら自分にとって理想のスタイルを作り上げていった』

師匠である力道山やゴッチ以外にも、俺は素晴らしい先輩たちから様々なことを教えられた。ルー・テーズからは〝ヘソで投げるバックドロップ〟を学んだ。組んだ瞬間にヘソを天井に向け、下腹で相手を跳ね上げる。それがテーズ式の投げ方。テーズはとくに体が大きいわけではなかったが、猿のように強くて長い腕と桁外れに強い引く力があった。格闘家としての強さに加えて、天性の華やかさも備えていたから、まさに天才プロレスラーだった。

パット・オコーナーからは若手時代に〝グラウンド・テクニック〟を教えてもらった。寝技をコーチするのが趣味みたいな人で他のレスラーが嫌がって逃げるものだから、俺が1人で相手をしていたんだ。

ディック・ハットンからは〝コブラツイスト〟技のタイミング〟〝無駄のない動き〟を、

アントニオ猪木

かく語りき 3

サニー・マイヤースからはテクニシャンの基本である〝どんな相手にも合わせるセンス〟を盗ませてもらった。対戦はなかったがバーン・ガニアの〝底なしのスタミナ〟にも驚かされた。

いずれも素晴らしいレスラーばかりだった。が、正直言って、俺は彼らのレスリングにも少しずつ物足りなさも感じていた。結局、誰か特定のスタイルを模倣することに満足しなかったことが、その後のアントニオ猪木のプロレスを作ったのかもしれない。

発展途上にあった猪木のプロレス・スタイルを補完したレジェンドレスラー

ルー・テーズ（1916-2002）

191センチ、110キロ。アメリカ・ミシガン州出身。本名、アロイジアス・マーティン・セッズ。幼少時からグレコローマンスタイルのレスリングを父から学び、その後、レイ・スティール、エド・ストラングラー・ルイス、アド・サンテルに師事。16歳でプロレス・デビューした。37年、21歳の若さで世界王者に。48年から55年の間、前人未到の936連勝（引き分けを挟む）を記録。50歳まで通算6度、NWA世界ヘビー級王座に君臨。「20世紀最大のレスラー」「鉄人」と称賛された。得意技はバックドロップ、リバーススラム、ダブルリストロック。猪木との初対戦は62年（昭和37）5月に開催された『第4回ワールドリーグ戦』（8分3ラウンド1本勝負。1R4分45秒、体固めでテーズの勝ち）。全盛期の猪木が見せた両足がマットに吸い付いているかのような立ち姿は往年のテーズを彷彿させるものだった。

○ パット・オコーナー (1927-1990)

183センチ、112キロ。ニュージーランド出身。本名、パトリック・ジョン・オコーナー。1950年、アメリカでプロレスデビュー、59年1月、ディック・ハットンを破り、第42代 NWA 世界ヘビー級チャンピオンとなり、同王座を2年5カ月にわたり保持した。変幻自在のファイトから〝魔術師〟と呼ばれた。得意技はドロップキック、ローリング・バック・クラッチ。大相撲元横綱の輪島大士がプロレスラーへ転向する際にコーチを務めた。

ディック・ハットン(1923-2003)

188センチ、110キロ。アメリカ・テキサス州出身。大学時代、全米レスリング学生選手権に3度優勝、48年、ロンドン・オリンピックのアメリカ代表となる。51年、プロレス・デビュー。57年にルー・テーズを破り、第41代 NWA 世界チャンピオンとなる。得意技はコブラツイスト(アバラ折り)、カナディアン・バックブリーカー。猪木との初対戦は62年(昭和37)5月に開催された『第4回ワールドリーグ戦』(8分3ラウンド1本勝負。2R1分16秒、アバラ折りでハットンの勝ち)。

サニー・マイヤース（1924-2007）

185センチ、105キロ。アメリカ・ミズーリ州出身。本名、ハロルド・カルビン・マイヤース。アマチュアレスリングの技術をベースに技巧派レスラーとして活躍。入門直後の猪木はマイヤースとレオ・ロメリーニの試合を観戦して「こんな熱戦を見たのは生まれて初めて。プロレスラーとしての生きがいを感じた」と感激。逸早く猪木の素質を見抜いたマイヤースも「猪木を自分に預けろ」と力道山にかけ合ったといわれている。64年、アメリカ遠征中の猪木を現地でコーチ。リング上でもパット・オコーナーと組んでトーキョー・トム（当時の猪木のリングネーム）、モンゴリアン・ストンパー組とNWAセントラル・ステーツ・タッグ王座を争った。その後、猪木が参画した東京プロレス旗揚げにも協力。選手として参戦する一方、ジョニー・バレンタインやジョニー・パワーズの初来日にも尽力した。

○ バーン・ガニア（1926－2015）

182センチ、112キロ。アメリカ・ミネソタ州出身。本名、ラヴァーン・クラレンス・ガニエ。ハイスクール時代はスポーツ万能。レスリングとアメリカンフットボール選手として活躍。大学在学中、NCAA のタイトルを2回獲得。1948年、レスリングフリースタイルでロンドン五輪出場。49年、NFL シカゴ・ベアーズに入団するもプロレス転向。50年、NWA 世界ジュニア・ヘビー級王座決定トーナメント優勝。58年、NWA 世界ヘビー級王座を獲得するも NWA 上層部と対立。60年、AWA（アメリカン・レスリング・アソシエーション）を設立し、20年にわたって王座に君臨した（通算10回）。日本では国際プロレスと業務提携。モンスター・ロシモフ（アンドレ・ザ・ジャイアント）、ビル・ロビンソンをアメリカへ招いてトップレスラーに育て上げた。

バーン・ガニアとアントニオ猪木の接点

バーン・ガニアは日本プロレスに来日しておらず、猪木のアメリカ遠征時にも対戦した記録はなく接点が見当たらない。ところが、猪木は1990年（平成2）に開かれた自身のレスラー生活30周年記念パーティの席上、新設された『グレーテスト18クラブ』というチャンピオンベルトを認定するメンバーとして次のレジェンドたち――ルー・テーズ、カール・ゴッチ、ニック・ボックウィンクル、ジョニー・パワーズ、ジョニー・バレンタイン、アンドレ・ザ・ジャイアント、タイガー・ジェット・シン（シンはのちに除名され、ダスティ・ローデスが加わった）、スタン・ハンセン、ウイリエム・ルスカ、ビル・ロビンソン、ヒロ・マツダ、ボブ・バックランド、バーン・ガニア、ストロング小林、ハルク・ホーガン、モハメド・アリ、坂口征二、アントニオ猪木――の名前を発表したのだった。

グレーテスト18クラブはルー・テーズが発起人となって制定されたタイトルという触れ込みで、過去にアントニオ猪木と闘ったレスラーや格闘家たち（猪木を含む18名）の指名試合の形式で防衛戦が行われる仕組みだと説明されていた。が、僅か3回のタイトル戦が組まれただけで92年（平成4）に消滅。そもそもどういう意図で作られたタイトルなのか不明であり、しかも、猪木と1度も対戦していないガニアがメンバーに名を連ねていた理由についても一切説明がなされていなかった。したがっていまとなってはその根拠については推測するよりほかに手がないのであるが、ガニアは猪木・アリ戦に理解を示していた数少ないアメリカマット界の大物だったこと、その彼が60年に設立したAWAが所謂ストロングスタイル志向の団体だったこと——猪木の最大のライバルの1人であるビル・ロビンソンがAWAの若手育成のコーチを務めていたのを見ても分かる通り〝シューター〟好みであったこと——などから、両者の間に何らかの交わりがあったとしても不思議ではなかった。また、ガニアと猪木は元来欧米マット界において卑怯な技だとみなされていた〝首絞め〟(スリーパー・ホールド)の名手という点でも共通していた。

コブラツイスト
――猪木がこだわり続けたフィニッシュホールド

シューティング(修斗)を主宰していた頃の佐山聡に「格闘技でも使えるプロレス技はありますか」と質問したことがある。佐山はきっぱりこう言った。

「コブラツイストは格闘技の試合でもフィニッシュに使えますよ。グラウンドでね」

意外な答えだった。

それから少し経ち、アントニオ猪木が『ファイナル・カウントダウン』で行ったウイリー・ウイリアムスとの「決め技限定マッチ」(97年1月4日/東京ドーム)。その試合のフィニッシュで使われたのがグラウンド・コブラツイストだった(4分13秒、グラウンド・コブラツイストで猪木の勝ち)。

セコンドには佐山の姿があった。歴史を紐解けば、猪木は78年(昭和53)6月7日(福岡スポーツセンター)に行われたモンスターマンとの異種格闘技戦(再戦)においてグラウンド・コブラツイストでギブアップ勝ちを収めていた。受けに徹していた初戦と打って変わり、この一戦で猪木は積極的にパンチ、キックを繰り出し喧嘩ファイトに出た。前回の闘いで打撃系格闘家との間合いの感覚を掴み、なおかつウエイト差による優位を確信していた猪木はプロレスラーの打たれ強さを前面に押し出したファイトスタイルを選択して勝利していたのだった。

残念ながら『猪木vs.ウイリー／決め技限定マッチ』はほとんどの観客に単なるノスタルジーと受け止められ、マスコミやプロレス関係者にもエキシビション程度の捉え方しかされず、いまではそんな試合があったことすら忘れ去られてしまっている。

が、あの試合は断じて過去をテーマにした闘いではなかった。異種格闘技戦の怖さを知り尽くしていた猪木と総合格闘技のパイオニアである佐山。彼らの眼には、おそらく、やがて直面するであろうプロレスの危機的状況がはっきり映っていた。つまり、グラウンド・コブラツイストは、格闘技に対抗するため、プロレス技の再確認を急げという後輩たちへのメッセージに他ならなかったのだ。

猪木は現役最後のリングでも再び同じメッセージを発した。引退試合の相手は〝アルティメット王〟ドン・フライ。総合格闘技の王者に対しても猪木は〝卍固め〟ではなくコブラツイストからの〝グラウンド・コブラツイスト〟をフィニッシュに選んだ。あれこそはアントニオ猪木のプロレスラーとしての意地。プロレスも格闘技なのだという信念の現れだった。

格闘技術解析 7

グラウンド・コブラツイスト

猪木が引退試合のフィニッシュにも用いたグラウンド・コブラツイスト。対戦相手であるドン・フライ選手の首を極めながら、マットに着いたフライ選手の左脚に自分の両脚を絡めてロック。首と胴体に対して逆方向へ捻りを加えている。フライ選手は右脚も猪木の左大腿部でブロックされているため右方向に反転して逃れることもできない（このアングルからは確認できないが猪木はフライ選手の右肩も左脇で抑え込んで上半身の動きを完全に封じている）。ちなみにグラウンド・コブラツイストはブラジリアン柔術ではツイスターと呼ばれ、一時期、脊椎にダメージを与えるとして禁止技の1つになっていた。

第2章 猪木の格闘奥義

©Essei Hara

何が起こるかわからない異種格闘技戦

アントニオ猪木を危険な企てへと駆り立てたのは格闘家としての誇りと逃れられない現実だった

〝禁断の果実〟異種格闘技戦が続行された理由

1970年代後半に日本中を席巻した格闘技ブーム（以下、第1次格闘技ブームと呼ぶ）はアントニオ猪木の異種格闘技戦を中心にしたブームだった。それ以前にも異種格闘技戦がなかったわけではないが、様々なジャンルにおける一流選手同士の対戦がこれだけ短期間のうちに矢継ぎ早に実現したことは過去になかった。この時期の異種格闘技戦はプロボクシングの〝キング・オブ・キングス〟モハメド・アリと闘いたいという猪木個人のロマンから始まった。76年（昭和51）2月、猪木・アリ戦の前哨戦として行われた元柔道五輪金メダリストのウイリエム・ルスカと猪木の対戦から『格闘技世界一決定戦』という看板が掲げられたのも、観る者を「世界でいちばん強いのは誰か」「最強の格闘技は何か」という永遠のロマンへと駆り立てるのが狙い。当然、誰もが世界のスポーツ界の頂点に君臨する絶対的存在と認めているモハメド・アリとの対戦が終了した時点で、結果はどうあれ看板は下されるはずだった。

猪木はこんなことを語っていた。

「もし、モハメド・アリに勝って巨万の富を手にしていたら、多分、プロレスはすぐに引退していた。でも、いろんな奴に騙されて何億もの借金が残って、結局、それを返すまでやめられなくなったんだ」

猪木のいう「何億もの借金」とは〝クローズドサーキット〟（衛星中継による全米規模の有料ライブイベント。現在のライブビューイング）を主催したアメリカのプロモーターに売り上げを〝持ち逃げされ〟（本人談）、610万ドル（1ドル＝308円のレート換算で約18億円）ともいわれた高額なアリのファイトマネーの支払いが不能になったことを指す。のちの交渉でアリのギャラは180万ドルまで抑えられたものの、それでも猪木は9億円もの借金を背負うことになった。現在の貨幣価値にすれば約16億円。皮肉にも自分が手にするはずのファイトマネーと同額であった（アリのファイトマネー、猪木の負債額については諸説有り）。

結局、猪木は借金を肩代わりしたテレビ朝日の要請で『格闘技世界一決定戦』と銘打たれた異種格闘技戦をやむなく続行。放送枠となった2時間特番『水曜スペシャル』の放映料は1回5000万円。半額がテレビ朝日に返済される仕組みになっていた。

借金返済のために異種格闘技戦を続行せざるを得なかった猪木は、そこではっきり方向転換したと推測される。リアルファイトはどう転ぶかわからない。選手生命も左右するシュートマッチはもうやらない。異種格闘技戦を通じてプロレスの強さを誇示するのではなく、その技術を用いて面白い試合を成立させればいいのだと――いま見ても最高にスリリングな全米プロ空手王者モンスターマン戦、殺気が漲る〝熊殺し〟ウイリー戦はそんな猪木の路線変更によって生まれた名勝負。すでに対戦済みの柔道五輪金メダリストのウイリエム・ルスカやモハメド・アリに比べれば、モンスターマンやウイリーはまだ未完成の格闘家。猪木が受けに回ったとしてもコントロールできない相手ではなかった。思えば、それは猪木が追求してきたプロレスの醍醐味であった。猪木は極限の修羅場を経験したことによって逆にプロレスの面白さに開眼し、異種格闘技戦をもプロレスに取り込んでしまったのである（註／モンスターマンやウイリーとの異種格闘技戦は、ヘビー級のキックボクサーや空手家の存在を初めて日本で認知させた記念碑的な闘い＝K－1の原点でもあった）。

猪木が借金完済に漕ぎ着けたのはアリ戦から3年8カ月後、ウイリー・ウイリアムス戦（1980年2月27日）直後。異種格闘技戦の借りは異種格闘技戦で返す。毒をもって毒を制したあたりは猪木の真骨頂ともいえたが、冷静に振り返れば、この一連の借金返済計画は破滅と隣り合わせ。とてつもなく危険な企てだった。

プロレスと真剣勝負の狭間にある恐怖

前述した通り、現在、猪木の異種格闘技戦にはシュートとプロレスが混在していたことは周知の事実だ。それゆえ、所詮は筋書きのあるショーに過ぎなかったとその価値を否定する声も少なくない。しかし、本当にそうだろうか？　ファイトマネーの保障やルールが整備された現行の総合格闘技と猪木が切り拓いた異種格闘技戦はそう単純に比較できるものではない。多くのプロ格闘技の選手がファイトマネーの心配もなく、互いに納得ずくのルールのもとでコンディション調整だけに集中して試合ができるようになったのも、かつて猪木がすべてのリスクを背負って異種格闘技戦というジャンルを一般にまで認知させた結果だからだ。そもそも第1回UFCにしても猪木・アリ戦という巨大な記憶遺産がなければ成立しない試みだった。

さらにいうなら、猪木の異種格闘技戦の対戦相手のほとんどはプロレスの仕組みを理解していなかった。プロレス界では信頼関係のない相手との手合わせほど怖いものはないといわれている。約束があろうがなかろうが1発食らえばそれまでだからだ。万が一、醜態を晒してファンに見放されれば、借金返済どころか会社(新日本プロレス)の存続すら危うくなる。対戦する格闘家にしても未知のプロレス技が脅威であることに変わりはなく、アリ戦やペールワン戦がシュートで行われたことを聞かされていたなら猪木に対する恐怖心は計り知れないものだったに違いない。緊張に耐えられず暴発したり、あるいはアクシデントに見せかけて仕掛けたりしてくる者がいないという保証はどこにもなかったのだ。

総合格闘技でも活躍した〝猪木イズム最後の継承者〟藤田和之選手が筆者にこう語ったことがある。

「猪木会長と僕らはリアルファイトの概念が違うんですよ。僕らはルールに則って純粋に勝ち負けを競っている。でも、会長のいうそれは目潰しも金的もあり。潰すか潰されるかの世界なんです」

異種格闘技戦はつねにシュートに発展する危険性を孕んでいた。同じ組み技系であれば試合を成立させるのは猪木の技術(第1章参照)をもってすればまだコントロール可能であったが、打撃系との対戦は未知の領域。一瞬でも間合いとタイミングを見誤ればノックアウトされるリスクと隣り合わせだった。といって避けてくださいとばかりに手加減したパンチやキックはたちまちのうちに見透かされてしまう。打撃系格闘家ほど本物の技を繰り出して見せなければ観客を納得させるのは困難だったのである。

猪木にとって一連の異種格闘技戦は、ロマンの段階を超えた時点で自分自身と新日本プロレスという運命共同体の生き残りを懸けた闘いに変容していった。何があっても投げ出すことも逃げることも許されない重圧が真の敵だった。一方、何が起こるかわからない異種格闘技戦においても対戦相手の凄みを十二分に引き出せた自信が、その後の猪木のプロレスを〝受け重視のスタイル〟へ変化させたと見ることもできよう。ただし、猪木のこの路線転換は、のちに格闘技志向の顕著な佐山聡の反発を招き、さらに藤原喜明、前田日明、高田延彦らの離脱を招く。1980年代後半に再び巻き起こる格闘技ブームのさきがけとなるUWFや修斗誕生のきっかけが、猪木のプロレス回帰だったという事実は運命の皮肉だった。

第2章では、計り知れない異種格闘技戦の重圧と恐怖に打ち克ったアントニオ猪木が、修羅場を潜り抜けることで確信を深めた自身の格闘技術について96年（平成8）2月に初めて語った貴重な言葉を再現する。

「寝技の世界に力は要らない グラウンドの攻防では 感性とキャリアがものをいう」

寝技は体型や筋肉の付き方によって極まるポイントも千差万別だ。したがって型に入ったからといって必ずしも極まるとは限らない。その微妙に異なるポイントを見つけられる感性の有無がレスラーの実力を左右するといっても過言ではないし、そこがプロレスの奥深さと難しさでもある。俺の場合、自分の肉体的な特徴や感性がグラウンドでの闘い方に向いていた。これは俺と肌を合わせたことがある人間ならわかる感覚だと思うけど、力なんか使わなくても上に乗るポジションをコントロールすることによって、俺は蛇のように相手の体に絡みついたり、ガムのように密着して動きを封じ込むことが自在にできるんだが、まさしくこれこそがそれぞれの選手の肉体条件と感性が異なるため、教えようにも教えられない感覚的な部分なんだ。

俺が得意にしているチョークスリーパーも誰に教わったわけでもない。実戦とスパーリングの中から自分でポイントを見つけていった。同じように見えるスリーパーでも、柔道式、レスリング式、柔術式と厳密にはやり方が少しずつ違う。俺の場合、元々どれも知らなかったことと、腕が細くて長いという身体特性もあり、独自に創意工夫できたために結果として技の完成度が高まり、バリエーションも豊富にすることができたのかもしれない。

スリーパーホールドは腕に筋肉がつきすぎても駄目。見栄えはしなくても骨ばった腕の選手がかけた方が効く。力を抜いて滑らせるように首に巻きつけるんだけど、ちょっと余計な力を入れると力こぶができて、それが邪魔をして入り方が甘くなる。よくパンパンに力を入れて全身で絞めてますっていうやり方をしてるレスラーがいるがそういう奴は見かけ倒しだと思って間違いない。

ボディーシザースも得意だ。これも膝から下が細いことや足首が柔らかいという条件が揃ってはじめて威力が出せる。その気になればギブアップを取ることも可能だったが、いま、この技で1本取れる選手はいないいんじゃないか。

ゴッチさんの教えは一言でいうと「技とは骨と骨を合わせること」。要するに、自分の骨の硬い部分を相手の骨の弱いところに圧し当てたり、捻りを入れたり、擦ったりするという意味だ。俺もそれをつねに考えながら、自分なりの修練と経験を積み重ねていったら技の引き出しが自然に増えていったんだ。でも、その中にはいまだに開けたことのないものもまだたくさんある。大口を叩いていると思われるかもしれない

アントニオ猪木

かく語りき 4

が、本音を言うと寝かしてさえしまえば、どんな相手にも負けないという自信は53歳になったいまでもいささかも揺らいでいない。その根拠は「寝技の世界は体力よりも感性と経験が勝る」からなんだ。

格闘技術解析

8

フェイスロック〜頬骨と顎関節への拷問技

得意の重心移動で背後から抑え込み、両手首で頬骨と顎関節を挟み込んでいる。対戦相手のラッシャー木村選手は口を閉じられないため歯を食いしばって堪えることすらできない。猪木はいつでも頸椎上部を極められる状態を保ちながら、じわじわと木村選手のスタミナを奪っている。静かなる拷問技。

格闘技術解析

9

フェイスロックによる〝人中〟へのピンポイント責め

右拳を使って〝人中〟(鼻の下の急所)を極めている。さらにこの状態から猪木が対戦相手であるコンガ・ザ・バーバリアン選手の背中に右膝を乗せ、自分の頭部を左側頭部に圧し当てれば顎関節にさらに強烈なダメージを与えることができる。

10

ボディシザース〜胴絞め

フィギュア・フォー・ボディシザース。猪木は片山明選手の胴に絡めた左脚の方向へ自身の体を捻ることにより、脚力に頼らず右腹部に強烈なダメージを与えている。この体勢が続くと（あるいは脚力の加減を強めれば）腹圧が上がり、横隔膜を動かせなくなった片山選手は呼吸ができず失神に至る。自身の身体特性（膝下の細さと足首の柔軟性）をフルに活用した猪木の隠れた必殺技である。

©Essei Hara

格闘技術解析 11

首4の字固め

フィギュア・フォー・ネックロック。太腿と脹脛を使った首絞め。技をかけられている坂口征二選手の首周りに隙間はない。猪木がさらに脚を引きつければ技は完全に極まり、腰を浮かせれば頚椎に致命的ダメージを与える。

格闘技術解析

12

脚による首絞め

猪木の身体特徴である膝下の細さを効果的に使った技。右脚の脹脛がブラッド・レイガンズ選手の頸動脈を的確に抑え込んでいる。ただちに一本を取る狙いはないものの、自分の左脚を枕にしてレイガンズ選手の首を起こし、右足首の角度を変化させるだけで絞めの強度を調整。さらに、いつでも左腕を極められる体勢にもなっている。

©Essei Hara

トーホールド 13

猪木の左膝がタイガー・ジェット・シン選手の左大腿部内側と脛の急所を的確に押さえ、左膝に内転を加えるようにして捻り上げている。加減しなければ靭帯を切断して膝関節を外すことも可能だ。さらにシン選手の左爪先を掴んで足首を極めれば脱臼および靭帯（三角靭帯、前脛腓靭帯、前距腓靭帯、踵腓靭帯）損傷へ追い込むこともできる。猪木はプロとしてシン選手の肉体の強度に合わせて怪我をさせない範囲で技をかけ、観客もそれを何の変哲もない繋ぎ技として見過ごしていたのであるが、そこにも相手をぎりぎりの状態にまで追い込み、試合後半で怒りを爆発させるように仕向ける猪木一流の計算があった。

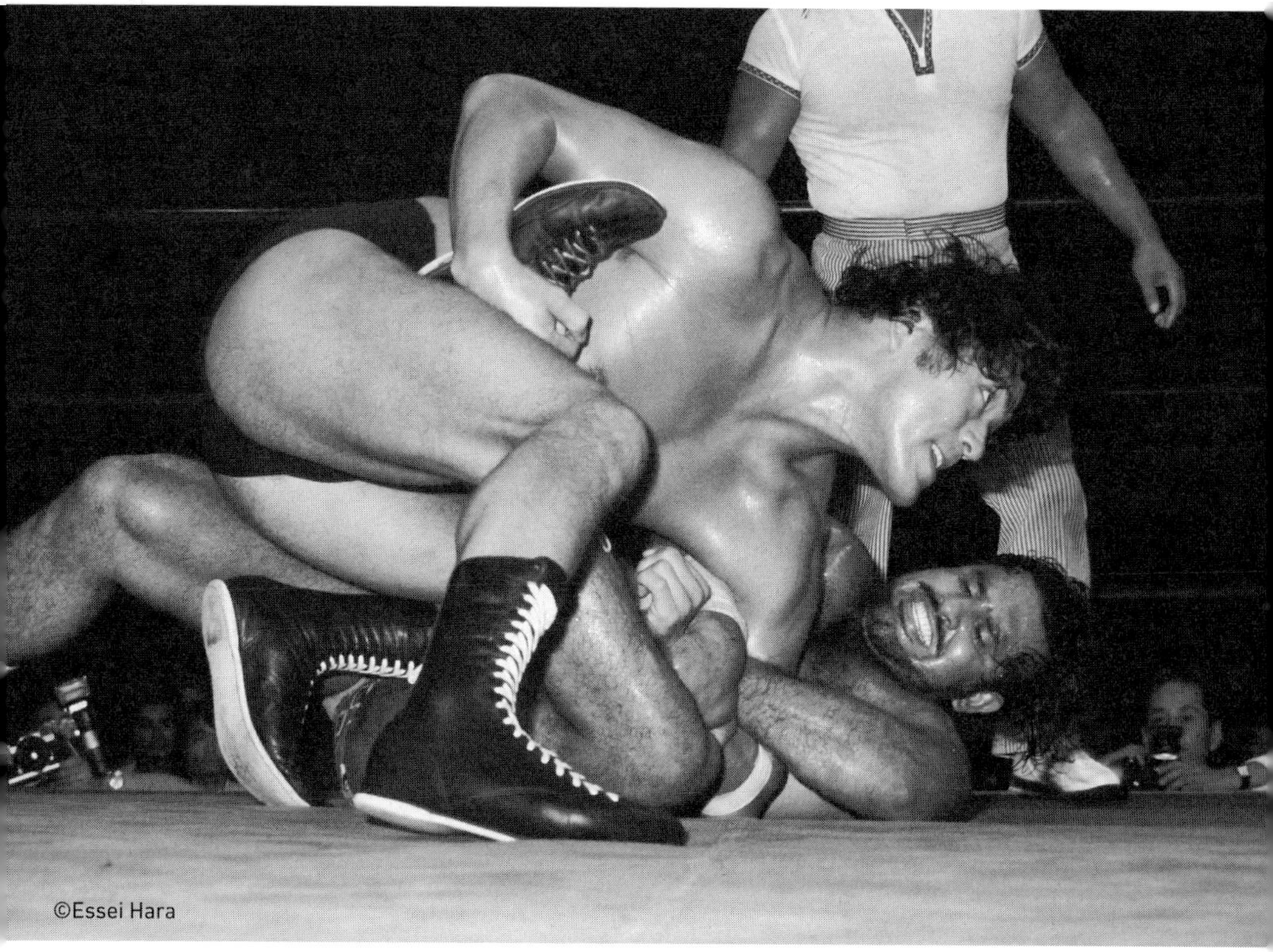

©Essei Hara

格闘技術解析 14 足首を極める

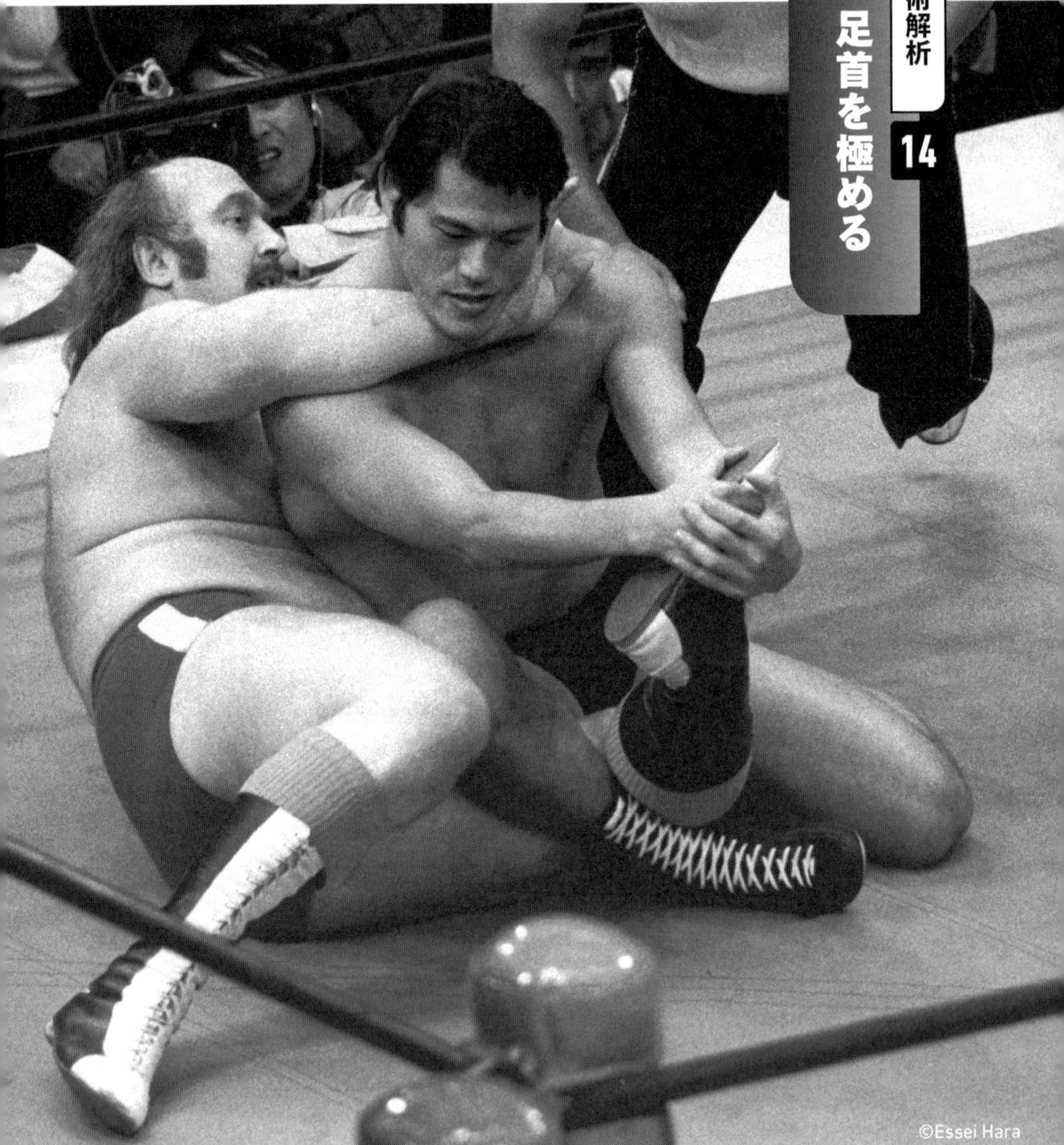

©Essei Hara

ローラン・ボック選手の左鼠蹊部に沿って自身の右足を絡めて固定し、左足首を内側に捻る猪木。何気ない技に見えるが、加減次第では膝と足首の靭帯を断裂させたり脱臼させたりすることも可能だ。

「ボクサーの動体視力に対抗する手段は相手の目と爪先の動きから次の動作を予測すること」

モハメド・アリと闘うまで、俺は少年時代に兄から空手を教わったことを除けば打撃系格闘技を本格的に練習したことはなかった。アメリカ修行時代、ちょうどアリがチャンピオンになった頃、ロサンゼルスのプロモーターのジョージ・バナサスからプロボクサーへの転向を薦められて契約やファイトマネーまで決まりかけたこともあったんだけど、本格的にボクシングの練習を積んだわけではなかった。

アリ戦前、はじめて金子ボクシングジムで特訓を受けた。しかし、当時、日本には重量級のスパーリング相手がいなかったため、ヘビー級ボクサーのパンチの威力がどれほどのものかは想像の世界でしかなく、正直言って不安で仕方がなかった。サンドバックを相手にパンチの打ち方もコーチされた。だが、そこで学んだことはレスラーとボクサーは身につけた筋肉の性質が正反対だという事実だった。レスラーには引きつける力が、ボクサーには押し出す力が要求される。プロレスラーとしての筋肉が出来上がっていた俺が本格的なボクシングのパンチを打てるようになるには、まず肉体改造が必要だと思い知った。

アントニオ猪木

かく語りき 5

加えて、ボクサーの目のよさ、動体視力のすごさも自分で練習してみて嫌というほど理解できた。ボクサーとまともに打ち合おうとしても、パンチ力がどうこうという以前にこっちのパンチがまったく当たらない。そこでそれに対抗するため、俺はレスリングで培った〝相手の爪先と目の動きから次の動作を読む勘〟を頼りにすることにした。

よく「格闘家は相手の目を見て視線を逸らすな」と言われるが、目だけを見ていたら本当は動きが見えない。それにプラスして爪先の微妙な動きから重心の変化を感じ取って次の動作を予測する。目と爪先を交互に見る配分がポイントなんだ。ただし、逆にこちらの目の動きを読まれて攻撃されれば一巻の終わり。だいいち相手の動きが見えてから自分が動いたのでは遅すぎる。あくまで気配を読まなくてはいけないんだ。

その後も何人かのヘビー級ボクサーや空手家と対戦したが、いずれのパンチもキックも本当はそんなに見えていなかった。だから俺はひたすら動きの気配を読む感性だけを磨き続けた。と同時に、闘いを重ねる度、プロレスラーには〝打たれ強い肉体という武器〟があるから顔面にさえ喰らわなければなんとか凌げるという自信と確信を深めた。

事実、異種格闘技戦でもっとも世の中にアピールできたのはその点だったと思っている。

アントニオ猪木

かく語りき 6

『ナックルパートは柔術の当て身の応用　キックはまったくの我流だった』

モハメド・アリ戦にさきがけ、極真空手の道場で軽い稽古をしたことがあったが、半ば話題作りの意味合いもあって本格的な指導を受けたわけではなかった。

梶原一騎さんが劇画のなかで「アリキックは極真空手で学んだローキックから編み出した」と紹介したため、けっこうそれが事実として広まってしまったようだが、本当のところ俺のローキックはまったくの我流。それにパンチやキックの踏み込みも甘い。だが、それは経験から身につけた本能的な知恵でもあったんだ。

アリ、全米プロ空手のモンスターマン、極真空手のウイリー・ウイリアムスとの闘いは〝間合い〟が勝負の分かれ目だった。うっかり相手のパンチやキックの射程距離に入ろうものなら1発で終わってしまう。だから、動きを読むということは間合いを保つことでもあった。

立場を変えればそれは相手にしても同じで、KO狙いの踏み込んだパンチ、キックを繰り出しても、もしそれがヒットしなかったらタックルされてしまう。倒されれば終わりだと彼らもわかっているから、お互いが少しずつ間合いを外し合う闘いになったのは必然だった。

鍛えていたとはいえ、ボディーに正確な間合いからまともにヘビー級の打撃を何発も受けていたら俺もやられていた。これはレスラーが相手でも変わらない。迂闊に踏み込んでキックでも打とうものなら、たちまち捕まって倒されてしまう。

つまり、裏返せば打撃技を使うときに少し踏み込みが甘くなるのはレスラーの防衛本能でもあるような気がしている。

俺がナックルパートを打つときの「中指の第2関節を立てた拳の握り方が空手でいう〝中指1本拳〟に似ている」という指摘を受けたことがある。しかし、これも空手の握りではなく、中指の第2関節を立てるのは柔術でいうところの当て身。それを応用したのが俺のナックルパートということになる。

基本的にプロレスでは握り拳で相手を殴ってはいけないというルールがある。「猪木のパンチ攻撃はなんで反則を取られないんだ」との批判もあるようだが、実は俺のナックルパートはパンチのように見えるかもしれないが、本当はルール通り拳骨の部分では打っていない。正確にいうと、握り拳の手のひらの側を瞬間的にスナップを利かせて叩きつけているんだ。やられている方はどこで殴られているのかわからないし、レフェリーにも観客にもよく見えないので、ずっとパンチだと思われているわけだ。

アントニオ猪木

かく語りき 6

猪木家3男、空手家・相良寿一の功績とブラジル格闘技界との因縁

猪木寛至は男7人、女4人の11人兄弟の6男。空手を学んでいた兄の相良寿一は3男（相良は祖父の姓）。拓殖大学在学中は空手部に所属していた。同部の設立は1924年（大正13）。沖縄から本土に最初に空手を伝えた〝近代空手の始祖〟船越義珍の松濤館流を継承。諸説あるが極真空手創始者の大山倍達（1923－1994）も拓大空手部出身だといわれている。57年（昭和32）にブラジルへ移民した相良寿一は、生涯異国の地で空手の普及に務め、後年、その功績を讃えられサンパウロ名誉市民章を受章した。最終段位は7段。2001年（平成13）12月6日没。

また、現在、ブラジリアン柔術の祖といわれるコンデ・コマ（前田光世）の墓を管理している町田嘉三（現・日本空手協会7段で松濤館流師範）が68年（昭和43）にブラジルへ渡った際、相良寿一がサンパウロに開いていた空手道場の師範を1年間務めたことがあった。その縁で町田の3男・龍太（リョート・マチダ）がアントニオ猪木に弟子入り。リョートは2003年（平成15）、新日本プロレス『アルティメット・クラッシュ』でプロデビューした後、『ジャングルファイト1』『INOKI BOM－BA－YE2003』等への出場を経て総合格闘技の最高峰UFC（アルティメット・ファイティング・チャンピオンシップ）参戦。2009年（平成21）、ラシャド・エヴァンスにKO勝利を収め、UFC世界ライトヘビー級王座を獲得した。

格闘技術解析 15

打撃に対する構え

©Essei Hara

左肘を目の高さまで上げ、右の拳でボディをガード。半身のスタンスは対戦相手が蹴りを繰り出してきても有効になる。異種格闘技戦の経験から身につけた打撃系格闘家の攻撃に対する猪木独特の構えである（写真はヘビー級ボクサーのチャック・ウェップナーとの異種格闘技戦で見せた構え）。

拳の握り

©Essei Hara

中指の第2関節を突起させた拳の握り。空手では〝一本拳〟〝中立一本拳〟〝中高一本拳〟と呼称され、ピンポイントでダメージを与える際に使われる拳の握りである。猪木の場合、主に対戦相手の額を狙って打ち込んでいた。古武術にも伝えられるこの握りは、本来、急所（眼球、眉間、鼻、人中、顎関節、こめかみ、頚椎、肋間、腰椎、大腿部、金的）を突く際に使われるという。猪木はグラウンドの攻防中、この拳の中指を急所に圧し当てて対戦相手のガードを崩すこともあった。

「ブラジリアン柔術の出現によって技の持つ本来の凄みを憶い出すことできた」

グレイシー柔術がクローズアップされたことはプロレスにとってもいいことだった。残酷さを売りにしたアルティメット大会は下劣な興行だと思ったが、だからといってグレイシーの実力や技術までは否定できない。

ハルク・ホーガンの成功以来、彼の表面だけをコピーしたような見せかけのレスラーが増え、アメリカのプロレスのレベルは急速に落ちた。日本のプロレスもその影響を受けて型だけをなぞったファイトをするレスラーが幅を利かせるようになった。それはホーガンのせいではないが、プロレスの技がリアリティを失って全体的に軽くなってしまったのは残念でならない。

グレイシー柔術はプロレスが忘れかけていたひとつひとつの技の凄みを思い出させてくれた。彼らの闘い方が話題になったおかげで、俺自身、まだ誰にも伝えていない技術が数多くあったことに気づけた。グレイシーのチョークスリーパーがそんなに世間を驚かせたのなら、久々にやって見せようかという気持ちになったのもたしかだった。

ブラジルの柔術と俺の接点は結構古い話になる。1974年（昭和49）、新日本プロレスがブラジルに初めて遠征したとき、イワン・ゴメスという当時のバーリトゥード最強のチャンピオンが挑戦してきた。ブラジルにはコンデ・コマ（前田光世）という日本の伝説的柔道家が伝えた本来の柔術があることは知っていた。それがスポーツ化された柔道とは比較できないほど危険な格闘技だということも聞いていたから、その流れを汲むゴメスには興味があった。挑戦された時点ですでに試合の日程は全て決定していたため対戦は実現しなかったが、その後、ゴメスは来日し、留学生として新日本でプロレスを学んでいった。実際にはバーリトゥードで使われている技と新日本の道場で磨いていた寝技にそれほど大きな違いはなかったんだが〝ヒールホールド〟は彼から藤原（喜明）や佐山（聡）が教わった。置き土産の技だったんだ。

イワン・ゴメス（1939-1990）

180センチ、112キロ。ブラジル・パライバ州カンピナグランデ出身。50年代後半、テレビのバーリトゥード中継番組でルタリーブリを代表する人気選手となり、グレイシー柔術のカーウソン・グレイシーと対戦。ゴメスが内容で圧倒したものの判定は引き分け。その後、グレイシー側の提案でカーウソンと共同でアカデミーを開設した。65年、グレイシー一族が柔術の優位性を証明すべく、ブラジル滞在中の柔道金メダリストのアントン・ヘーシンクにカーウソンもしくはゴメスとの対戦を要求するも黙殺。68年、ゴメスはバーリトゥード競技に復帰し、長らくチャンピオンの座に君臨した。74年、ブラジル遠征中のアントニオ猪木に挑戦。翌75年、新日本プロレスにレスリング留学。来日後は道場でトレーニングに励みながら前座試合に出場。藤原喜明、荒川真（ドン荒川）、大城大五郎らと対戦し、76年に帰国するまで91戦無敗を記録した。90年3月、腎臓病のため50歳で死去。

〝バーリトゥード王者〟イワン・ゴメスとの邂逅 なぜ両雄は闘わなかったのか

イワン・ゴメスとは何者だったのか

1974(昭和49)12月、アントニオ猪木率いる新日本プロレス一行は11日間のブラジル遠征を行なった。14歳でブラジルへの移民を経験した猪木にとって、このツアーはいわば〝第2の故郷〟への凱旋でもあった。

参加メンバーは猪木、坂口征二以下の新日本プロレス勢10名と、アンドレ・ザ・ジャイアント、カール・ゴッチ、トニー・チャールス、グレート・マレンコ。猪木には、アメリカンスタイルのプロレスが根付かないブラジルに新日流の本格派ストロングスタイルを広めることで、新たな世界市場構築の足掛かりにしたいという思惑があった。

しかし、カポエラ(足技を中心にした格闘技)をはじめとする土着格闘技が数多く存在するブラジルは危険地帯でもあった。案の定、サンパウロでの試合前、1人の格闘家が新日本プロレスに挑戦を表明してきた。男の名はイワン・ゴメス。ブラジル格闘技「バルツーズ」――バーリトゥードのチャンピオンだった。

「バーリトゥード」は「何でもあり」を意味するポルトガル語(ブラジルの公用語)。90年代にUFCの前身である『アルティメット・ファイティング・チャンピオンシップ』――通称〝アルティメット大会〟が開催され、その試合形式が一般に認知されるまで日本では「バルツーズ」という呼び名で紹介されていた。「噛みつき」「目への攻撃」以外は何をやってもOK。金的への急所攻撃も認められる場合もある〝最恐〟の格闘競技だった。

発祥は1920年代のサーカスの見世物。だが、日本から柔道普及のためにやって来たコンデ・コマ（前田光世）が参戦したことで様相は一変する。164センチ70キロのコンデ・コマが190センチ100キロのブラジル人カポエリスタと対戦した際、相手の〝ナイフ使用〟まで認めた上で完勝するや、極端に治安の悪いブラジルでは柔道が護身術として大流行。柔道の競技人口が増えたことでバーリトゥードの技術レベルが格段に進歩したのだった。

加えて、このときコンデ・コマによって伝えられた柔道は近代化前の武道としての色合いを強く残していた。危険な当て身や関節技をはじめ、コンデ・コマが世界中で行なってきた他流試合＝異種格闘技戦の経験から考案された実戦テクニックも加味されており――そのため、以降、本家の日本柔道とは似て非なる「柔術」として独自の発展を遂げることになったのである。

コンデ・コマが伝えた柔道は、その直弟子カーロス・グレイシー（ヒクソン、ホイスの父エリオ・グレイシーの兄）が創始した「グレイシー柔術」としてブラジルに根を下ろした。さらにカーロスの長男であるカーウソン・グレイシーは1950年代後半、リオデジャネイロのテレビ局と組んでバーリトゥードをブラジル全土に紹介。一躍、大ブームを巻き起こした。このとき、グレイシー柔術のライバルとして脚光を浴びたのが「ルタ・リーブリ」と呼ばれる格闘技だった（註／メキシカン・プロレスのルチャ・リブレとは別モノである）。

1920年代後半、ユークリデス・ハデムというレスラーが創始したといわれるルタ・リーブリは、グレコローマンスタイル・レスリング、打撃、絞め技、腕・足関節技を融合して編み出された。上半身裸で闘うルタ・リーブリは柔術を学びたくても道着を買えない貧困層の間で広まったといわれている。猪木に挑戦して来たイワン・ゴメスなる男は、このルタ・リーブリのトップファイターであり、前述のカーウソン・グレイシーも勝てなかったブラジル格闘技界きっての実力者であった。

猪木に弟子入りしたゴメス

ゴメスおよびルタ・リーブリ側からの挑戦に対し、猪木は次のように返答した。
「どうしてもというのであれば双方から代表を出して試合をしよう。ただし、その場合、お互いに命の保証はないという念書にサインをしてからだ。まあ、その前に俺たちの練習と試合を見てくれ。それでも気が変わらなければ闘おう」

その言葉に従い、ゴメスは新日本プロレス勢のトレーニングをつぶさに見学。試合もリングサイドで観戦し、直後、対戦要求を撤回した。そして翌1975年(昭和50)4月、ゴメスは新日本プロレスへ〝留学生〟として来日。猪木に弟子入りしたのだった。

この予想外の展開は猪木の巧みな懐柔策の結果だといわれている。ただ、それが事実だとしても、ゴメスの実力を直ちに察知した猪木の格闘家としての勘の鋭さはさすがだった。あるいは、猪木はブラジル移民時代(1957年から1960年)にバーリトゥードを見知っていてその危険性を認識していたと見るべきか。いずれにせよ、日本人選手と比べてもさほど体格も変わらない(180センチ112キロ)ゴメスを侮り、不用意にリングに上げていたら、バーリトゥーダーがどんな闘い方をするか予備知識を持っていなかったレスラーに勝ち目はなかっただろう。

では、なぜ、ゴメスは猪木に弟子入りを志願したのか?

近年、ブラジリアン柔術や総合格闘技の見方が一般にも浸透し、往年の猪木のファイトを格闘技の視点から分析する動きが始まっている。そこで注目されているのが猪木の寝技。とくに相手を引き込むテクニックやガードポジションの巧みさが、まるで柔術そっくりだと指摘されているのである。事実、若手時代、猪木は本人も気づかないうちに柔術の技術を叩き込まれていた。日本プロレスの道場でコーチを務めていた沖識名はハワイ相撲の横綱というキャリアの持ち主であるが、実は檀山流柔術の使い手。シュート（真剣勝負）の達人だった。

もう1人、猪木に寝技を仕込んだ先輩レスラーの大坪清隆も、エリオ・グレイシーを破った〝柔道の鬼〟木村政彦が旗揚げしたプロ柔道に参加していた柔道の達人（5段）。特筆すべきは大坪が修得していたのは寝技が主体の高専柔道だという点だ。つまり、猪木が直感的にゴメスの実力に気づいたように、ゴメスもまた猪木の身のこなしから危険な匂いを感じ取った。だからこそ挑戦を撤回し、その正体をたしかめるべく地球の裏側からやって来た。そう考えれば合点が行くのである。

留学生となったゴメスは道場で藤原喜明や佐山聡（初代タイガーマスク）を相手にプロレス技の習得に励みつつ試合にも出場。前座戦線ながら91戦無敗という記録を残し、1976年（昭和51）に帰国。猪木・アリ戦が行われる直前のことだった。

ルスカvs.ゴメス～伝説のシュートマッチ

1976年（昭和51）8月、新日本プロレスは2度目のブラジル遠征を行った。予定された全3大会の目玉はイワン・ゴメス。新日本はゴメスをレスラーとして現地で売り出し、ブラジルにおけるプロレス人気の発火点にしようと目論んでいた。

ところが、リオデジャネイロのマラカナン体育館で行われた第1戦——イワン・ゴメスvs.ウイリエム・ルスカが予想外の展開となったのである。

ゴングが鳴るや、ゴメスの容赦ない掌底やヒザ蹴りがルスカの顔面を襲う。怒ったルスカは反則のストレートパンチで応戦、ゴメスは右目上から大流血した。終盤、ゴメスがスリーパーを完全に決めたもののそこはエプロンサイド。レフェリーのミスター高橋がロープブレイクを命じてもゴメスが従わなかったため、10カウントのエプロンアウト負けが宣せられた。しかし、裁定に納得のいかない観客がヒートアップ。あわや暴動という騒ぎに発展してしまったのだった。

試合後、リオデジャネイロ体育協会からルスカと高橋に活動停止処分が下された。が、そもそも、非は意図的にシュートを仕掛けたゴメスの側にあった。とはいえ、猪木も一目置く柔道王ルスカに真っ向から真剣勝負を挑み、失神寸前にまで追い込んだゴメスの強さは、やはり本物だった。

なぜ、猪木はゴメスと闘わなかったのか？　当時、全盛期にあった猪木なら勝てたはず——いまもプロレスファンの間には幻に終わった猪木・ゴメス戦を惜しむ声がある。

だが憶いだしてほしい。同じ年の12月、猪木がパキスタンのカラチでアクラム・ペールワンと行った凄惨な〝ノールール・マッチ〟を。シュートを仕掛けられた猪木はバーリトゥードでも禁じられている〝噛みつき〟〝目突き〟の応酬の果てに相手の腕を折ったのだ。

ブラジルでゴメスに出会った瞬間、猪木は、そんな勝っても負けても後悔しか残らない不毛な闘いを予感したのではないだろうか。そして百戦錬磨のゴメスも、いざとなれば命のやりとりも辞さない猪木の覚悟――モハメド・アリさえ真剣勝負の世界に引きずり込んだある種の狂気を感じ取ったからこそ危険を回避したに違いなく、実際、それはパキスタンの地で現実のものとなった。アクラム・ペールワンは、もしかするとゴメスやアリの身代わりに生贄となったのかもしれなかった。

アントニオ猪木

かく語りき 8

『格闘家としても超一流 プロレス界にも桁外れに強い男たちがいた』

俺が対戦したプロレスラーのなかで格闘家としても文句なしに強いと感じた選手は、カール・ゴッチ、ビル・ロビンソン、ゴリラ・モンスーン、アンドレ・ザ・ジャイアントの4人だ。

ゴッチとロビンソンはいうまでもなく格闘テクニック(英国発祥のキャッチ・アズ・キャッチ・キャン)の天才だが、この2人は自分と似たタイプなので、ある意味、手の合う相手といえた。一方、モンスーンとジャイアントは桁外れ。こちらは常識を超えた存在だった。

というのも、俺たちはリングに上がるためにはつねに必死で練習をしなければならない。なのに、モンスーンとアンドレにいたっては素質だけで強いのだから手に負えなかった。モンスーンはボクシングもできたし、アンドレにしても、彼ならプロボクサーに転向しても史上最強のチャンピオンになっていたと思う。アンドレがもし自己管理にまで気を遣っていたら絶対に誰も勝ち目はなかった。しかし、天は二物を与えず。そのおかげで助かったようなものだ。

アントニオ猪木

かく語りき 8

この4人のほかに、もう1人凄い選手がいた。ウィルフレッド・デートリッヒ。アマレス史に残る偉大な選手だ。ローラン・ボックは、実はアマレスの世界でデートリッヒを超えられなかったコンプレックスが原因でプロレスを始めたと聞いている。それほど桁外れの強さだったんだ。

デートリッヒとは1978年にボックから招かれたヨーロッパ遠征の際、2度対戦した。当時、彼はすでに現役を引退していたが、ツアー中にアマレスでもオランダ・チャンピオンになったことのあるウイリエム・ルスカとも対戦して子供扱いにしていた。なにしろ指1本だけでも組めれば、相手が200キロの巨漢だろうがスープレックスで投げてしまうんだから驚きだった。

○ビル・ロビンソン（1938-2014）

188センチ、118キロ。イギリス・マンチェスター出身。15歳で〝ヘビの穴〟ビリー・ライレー・ジム入門。ビリー・ジョイスの指導を受けてキャッチ・アズ・キャッチ・キャン（CACC）を修得。59年、19歳でプロレス入り。65年、ヨーロピアン・ヘビー級王座、67年、ブリティッシュ・ヘビー級王座獲得。翌68年、国際プロレス初来日。外国人でありながら日本陣営のエースとして人気を博した。69年、IWA世界ヘビー級王座奪取。71年、IWAワールド・シリーズで同門の〝兄弟子〟カール・ゴッチ、モンスター・ロシモフ（アンドレ・ザ・ジャイアント）と三つ巴の激闘を展開。71年、バーン・ガニア率いるAWAマット登場。ベビーフェイス陣営の主力選手として活躍する傍ら、ガニアからシューターとしての腕を高く評価され、リック・フレアー、コシロ・バジリ（アイアン・シーク）、ケン・パテラ、グレッグ・ガニアら若手選手をコーチした。75年、アントニオ猪木と60分フルタイムを闘い抜きドロー（12月11日／蔵前国技館）。ストロングスタイル・プロレスの最高峰として名高いこの一戦は、キャッチにはキャッチで対抗した猪木が初めてテクニックにおいて劣勢に追い込まれた試合でもあった。その後、ロビンソンは主戦場を全日本に移したが猪木戦のような輝きを発することはなかった。85年、腰や膝の故障から現役を引退。92年、UWFインターナショナルの招聘により来日。ニック・ボックウインクルとエキシビション・マッチを披露。その後は同団体のコーチとして選手育成に携わる。99年、宮戸優光の招きで『UWFスネークピットジャパン』（現C.A.C.C.スネークピットジャパン）ヘッドコーチに就任。2008年まで日本に滞在し、後進の指導・育成に尽力した。2014年、75歳で死去。

◉ゴリラ・モンスーン（1937-1999）

196センチ、158キロ。アメリカ・ニューヨーク州出身。本名ロバート・ジェームズ・マレラ。巨体から繰り出すジャイアント・スイング、エアプレーン・スピン、ネック・ハンギング、アルゼンチン・バックブリーカーなどの大技のイメージから〝人間台風〟と呼ばれた。58年、コーネル大学在学中、レスリングでNCAA（全米大学体育協会）全米大会優勝。59年、ジノ・マレラのリングネームでプロレス・デビュー。63年、日本プロレス初来日。同年、〝人間発電所〟ブルーノ・サンマルチノが保持するWWWF（現WWE）世界ヘビー級王座挑戦。68年、オーストラリアでスパイロス・アリオンを破りIWA世界ヘビー級王座奪取。76年、アントニオ猪木との異種格闘技戦を控えたモハメド・アリとWWWFのリングで乱闘。エアプレーン・スピンを見舞った。80年に引退後は実況アナウンサーとして活躍。99年、腎不全により62歳で死去。

●アンドレ・ザ・ジャイアント（1946-1993）

223センチ、236キロ。フランス出身。本名アンドレ・レネ・ロシモフ。日本のプロレスファンの間では永らく「プロレスラーになる前は〝木こり〟。山奥でエドワード・カーペンティアに発見された」と信じられていた。しかし、実際は裕福な農家の生まれで、家業を継ぐのに学歴は不要だと14歳から農場勤務や木工見習い、エンジン製造工場、家具運送会社などに勤務していた。プロレス・デビューは64年。リングネームはアンドレ・ザ・ブッチャー・ロシモフ。70年2月、モンスター・ロシモフとして国際プロレス初来日。同じシリーズに参加していたバーン・ガニアの誘いでカナダへ渡り、73年、アンドレ・ザ・ジャイアントに改名してWWWF（現WWE）進出。一躍、全米トップクラスのスターとなった。74年、新日本プロレス登場。86年に猪木に腕固めで初めてギブアップ負けを喫するまで、その巨体をボディスラムで投げただけで名誉になるという世界を見渡しても特別な存在であり続けた。76年6月、猪木・アリ戦が行われた日、アンドレもニューヨークでチャック・ウェップナーと異種格闘技戦を行いリングアウト勝ちを収め、同年10月、猪木とプロレスラー同士による『格闘技世界一決定戦』（猪木のTKO勝ち）。当初、レスラー同士によるこの試合を格闘技戦とすることに疑問の声もあったが、アンドレの強さは別格であり、世界最強を名乗ることに異議を唱える者はいなかった。93年、急性心不全で死去。

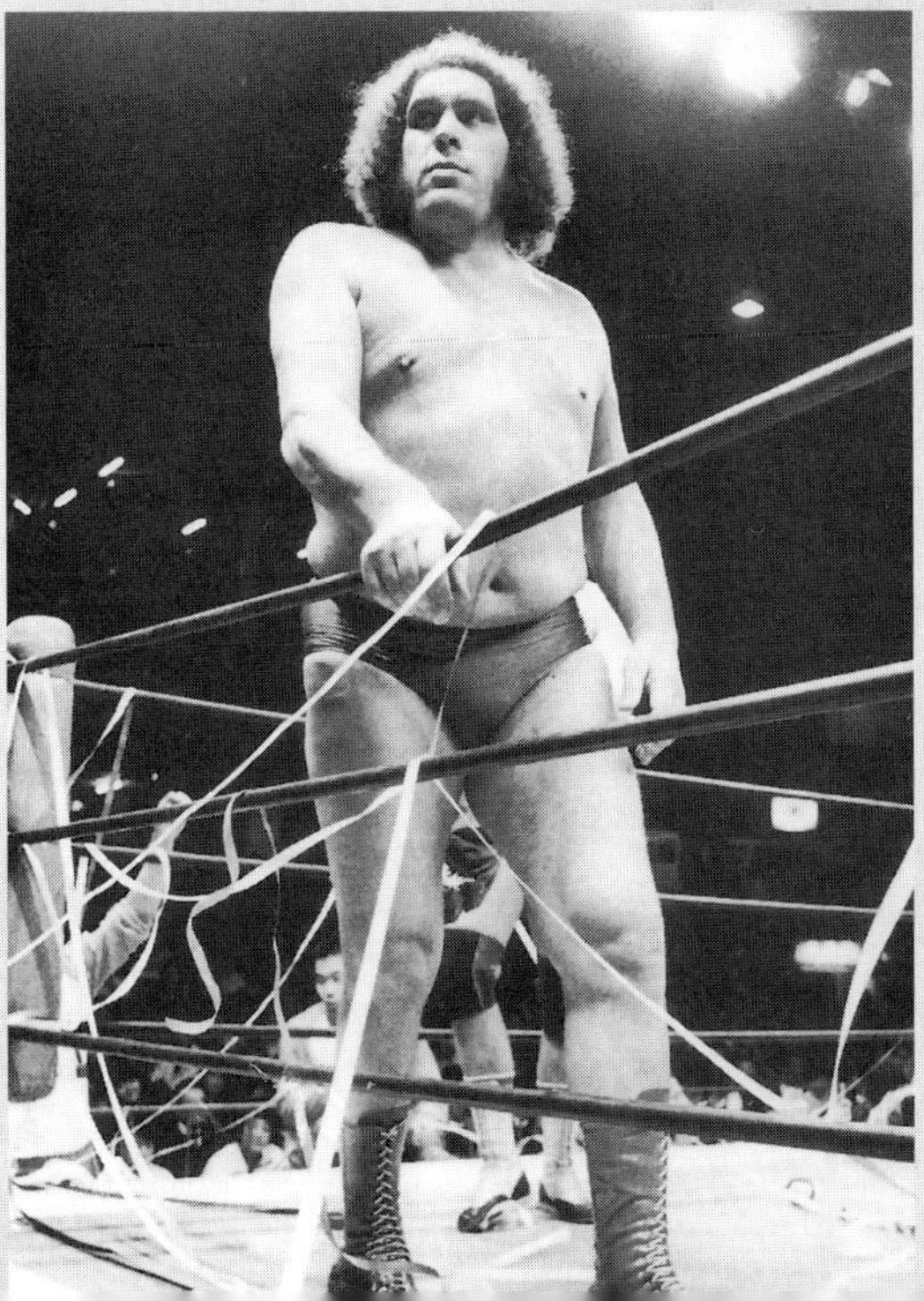

ウィルフレッド・デートリッヒ (1933-1992)

写真左。184センチ、118キロ。ドイツ・ラインラント=プファル州シーファーシュタット出身。どんな巨体の対戦相手でも吊り上げてスープレックスを決められることから〝シーファーシュタットのクレーン〟の異名を取った。51年、18歳でレスリングを始め、55年、フリースタイル、グレコローマンの両種目のヘビー級で西ドイツ選手権優勝。以降、13年連続で両種目の国内選手権を無敗で制覇し続けた。国際大会でも56年のメルボルンから72年のミュンヘンまでオリンピック5大会連続出場。金メダル1個（ローマ=フリースタイル）、銀メダル2個（メルボルン=グレコローマン、ローマ=グレコローマン）、銅メダル2個（東京=グレコローマン、メキシコ=フリースタイル）獲得。61年、横浜で開催された世界選手権でも優勝している。78年、ローラン・ボックがプロモートした『欧州世界選手権シリーズ』の目玉選手として参戦。アマレススタイルで猪木と2度対戦した（試合結果は現地報道では猪木の2勝、日本の報道では1勝1引き分けとなっている）。92年、心臓麻痺により58歳で死去。

ネックチャンスリー

17

猪木は右腕でブラッド・レイガンズ選手の首(頬骨と顎の間)を巻き込み、左手の甲をこめかみに回して引きつけながら絞めている。右足に体重を乗せれば顎が完全に固定されて逃れられない。2点の急所を責めるのと同時に頚椎にも捻りを加えるCACCの代表的な技。〝20世紀最高のプロレス〟と称賛されたビル・ロビンソン戦でもこの技の攻防に両者の意地とプライドが垣間見られた。

18 ダブルリストロック

手首をグリップし、左前腕で相手の左肘を極める。その際、猪木は左脇を相手の肩に密着させ、自分の上腕を使って相手の肩甲骨の動きも抑えている。試合ではこの状態から左に回転して寝技へ移行するケースが多かった。猪木の特徴は力任せに相手の肘を直角に曲げず、自分の左前腕を使って合理的に制御している点にあった。なお、アクラム・ペールワン戦のフィニッシュ（後ろ腕がらみ）にも用いられたこの技には、相手の肩関節を脱臼させるだけでなく、肩甲骨付近の腱板断裂、肘の粉砕骨折、最悪の場合、上腕骨を捻り折ることも可能な破壊力が秘められていた。

第3章 猪木と格闘技ブーム

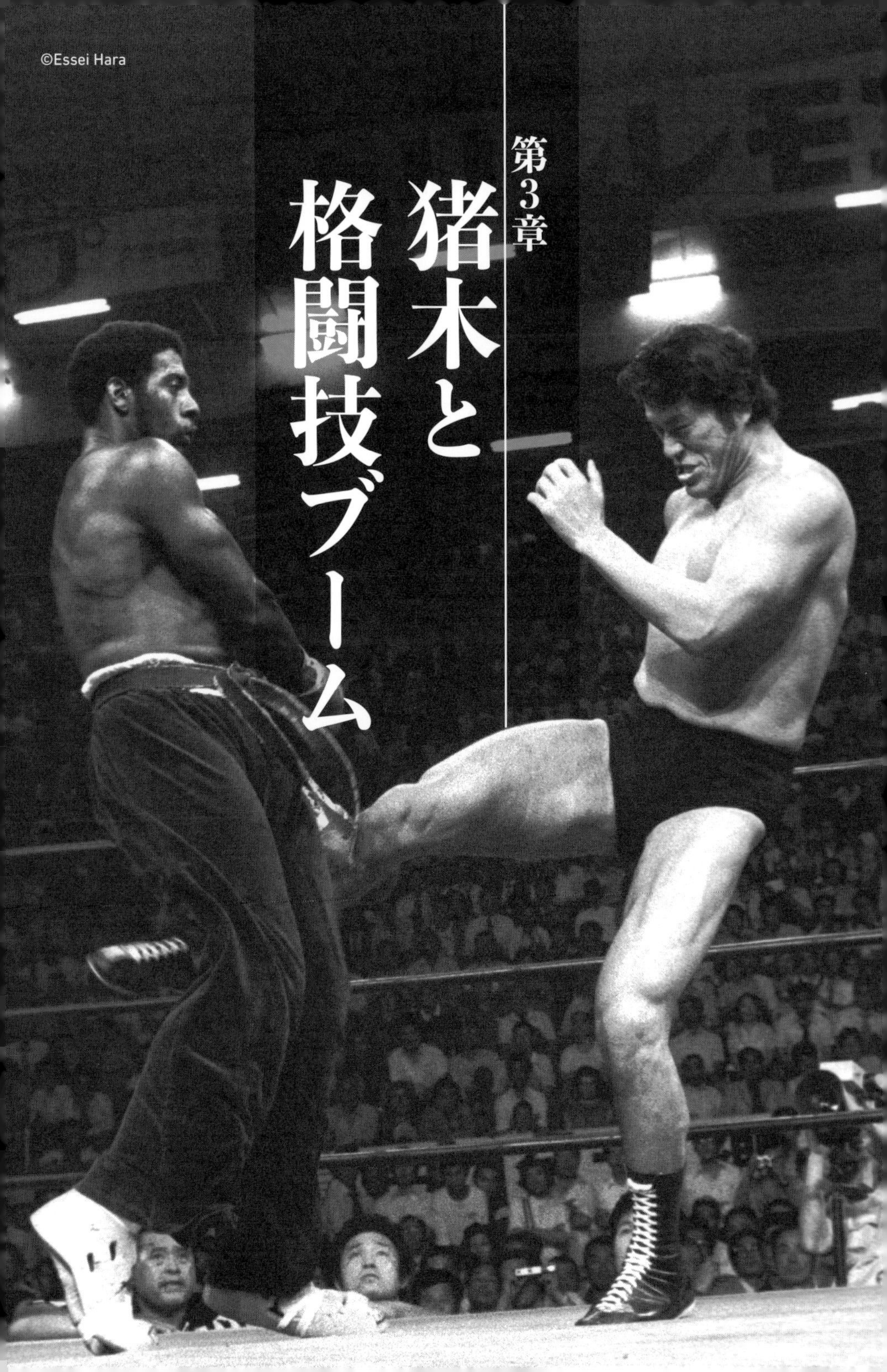

〝虚構〟vs.〝現実〟
空前絶後の70年代格闘技ブームの正体

原点は『チャンピオン太』〜梶原一騎とアントニオ猪木の出会い

1960年(昭和35)9月30日のデビュー戦こそ大木金太郎に完敗した猪木完至(当時のリングネーム)だったが、その後は着実に地力を蓄え、めきめきと頭角を現していった。同じ頃、梶原一騎(本名・高森朝樹/1936−1987)が東京中日新聞に連載した『力道山光浩』が力道山本人に気に入られ、それをきっかけにプロレス漫画『チャンピオン太』(画・吉田竜夫/週刊少年マガジン)の原作を手がけることになった。

〝スポーツ万能少年〟大東太が師匠・力道山の厳しい教えに導かれて世界チャンピオンを目指す成長の物語はたちまち評判となり、間もなくフジテレビによる実写ドラマ化が決定した。すると梶原は大胆にも力道山に直接出演を打診。その結果、力道山をはじめ、吉村道明、遠藤幸吉、猪木完至、長沢秀幸、沖シキナ(識名)、九州山、大木金太郎、ユセフ・トルコ、星野健夫(勘太郎)、北沢幹之、マンモス鈴木ら日本プロレス所属選手の番組総出演が実現したのだった。

記念すべき第1話。猪木は悪徳プロモーターが打倒力道山のためにアメリカから呼び寄せた極悪レスラー〝死神酋長〟を演じた。劇中とはいえスーパースター力道山と対戦する大役をデビューから2年にも満たない若手レスラーが務めるのは大抜擢(註/猪木は第4話にも覆面レスラー〝ストライプ・スネイク〟役で出演)。

猪木にとってこのドラマ出演は顔と名前を売るまたとない機会であり、本来、そのお膳立てを行った梶原は恩人のはずだった。

62年（昭和37）8月18日、番組ロケ現場のプロレスの殿堂リキスポーツパレスを訪れた梶原は、そこで初めて出会った猪木の印象を次のように綴っている。

「しゃくれ顎の顔を毒々しくペイントされ、派手な羽飾りをかぶせられた猪木と撮影当日に初対面した。しかし、そんな珍なる装いにも関わらず、この若者には身辺に漂う『赤と黒』の主人公ジュリアン・ソレル的な雰囲気があった。それと一抹の危険な匂い…」

このとき25歳の梶原は6歳下の若者の天賦のスター性、内に秘められた野心を一目で見抜いて親近感を抱いたようであった。だが、〝鉄人〟ルー・テーズや〝神様〟カール・ゴッチのような正統派に憧れ、血を吐く思いで日々の練習に耐えていた猪木としては、たとえ劇中であってもキワモノレスラーを演じるのは不本意であり屈辱でしかなかった。普段、力道山からのどんな理不尽な仕打ちにも服従してきた猪木が〝死神酋長〟への改名を断固拒否した事実を見てもその心情はあきらかだ。つまり、猪木にとって、梶原は出会った瞬間から歓迎されざる人物だったのである。

醍醐味はフィクションとリアルのせめぎ合い

『チャンピオン太』の主人公は〝少年プロレスラー〟。初期の少年漫画によく見られたお子様ランチ的な設定は子供から見ても興醒めの感があったが、梶原はそこに実在するプロレスラーというスパイスを効かせることによって荒唐無稽な物語に一点の信憑性＝リアリティを与えていた。それはまさにフィクションとリアルが補完し合うプロレスの妙味そのものともいえた。以降、梶原は60年代から70年代にかけてこの手法を駆使した作品を次々に発表していく。その代表作が『巨人の星』『タイガーマスク』だった。梶原作品の多くはアニメ化、実写ドラマ化され、映画にとって代わって娯楽の王様となったテレビ各局のゴールデンタイムを独占。凄まじい勢いでファンを獲得していった（第1次格闘技ブーム年表参照）。

社会現象にまでなったボクシング漫画『あしたのジョー』（画・ちばてつや）の成功で盤石の地位を築いた梶原は、その連載途中から旧知の大山倍達を主人公にした『空手バカ一代』（画・つのだじろう）を同じ少年マガジン誌上でスタートさせた。「これは事実談であり、この男は実在する」という言葉で始まる〝猛牛を素手で倒し〟〝アメリカへ渡ってレスラーやボクサーと対戦して全勝〟したという〝ゴッド・ハンド〟大山の半生記は文字通り実話として受け入れられ大反響を呼んだ。それまでも梶原はジャイアント馬場や沢村忠を主人公にした『ジャイアント台風』『キックの鬼』といったノンフィクションという触れ込みの漫画をヒットさせていたがストーリーの大半は梶原の創作エピソードであり、実際には『空手バカ一代』も虚構性において他の作品と差異はなかった。

フィクションの王が現実を支配

しかし、73年(昭和48)10月からテレビ放映が始まったアニメ版『空手バカ一代』が様相を一変させた。漫画に描かれていた大山倍達の秘技〝手刀によるビール瓶切り〟や極真空手の高弟たちが行った度迫力の〝試割り〟〝直接打撃の組み手〟等々の実写映像が度々アニメに挿入され、それを事実であることの証拠として見せられたことで、視聴者および読者は虚構と現実の境界線を見失ってしまった。その結果、ひとつの逆転現象が起きた。読者は梶原によって刺激的に描かれた虚構世界のスポーツや格闘技の虜になり、目の前の現実を色褪せて感じるようになってしまったのである。

さらにその年の12月、ブルース・リー主演『燃えよドラゴン』が劇場公開され、従来の殺陣にはなかったリアルなアクション(リーは総合格闘技に多大な影響を与えた武術〝ジークンドー〟の創始者)に日本中の若者たちが熱狂した。それが決定打となり、すでに先行して広まっていた『空手バカ一代』人気と相まって空前の〝空手ブーム〟が巻き起こったのだった。興奮した若者たちはこぞって空手、少林寺拳法の道場の門を叩き(当時、一般人は中国拳法と空手と少林寺拳法の違いもよくわからなかった)、中でも梶原をスポークスマンとする極真空手は飛躍的に門下生の獲得に成功。数百万部という少年漫画誌の売り上げとテレビの高視聴率を背景にフィクションの王の座に君臨していた梶原一騎は、かくしてリアル格闘技にも直接的な影響力を持つに至った。極論を言えば梶原が自作の中で「世界最強の格闘技は空手だ」と述べれば、もはや誰も反論できない状況となったのだ。が、唯一、正面から異を唱えた者がいた。それがアントニオ猪木であった。

梶原のイマジネーションを凌駕した『格闘技世界一決定戦』

「最強の格闘技は何か」「世界でいちばん強いのは誰か」――それらは誰もが夢想しながら実証は不可能と心の中で諦めていたテーマだからこそ永遠のロマン足り得た。そして〝日本のプロレス界の祖〟力道山や〝極真空手創始者〟大山倍達と個人的に親交を結んでいた梶原には彼らの実像を知る者としての説得力があった。SNSが影も形もなかった時代、梶原はプロレスや格闘技マニアからすれば唯一といっていいインフルエンサーのような存在だったのであるが、76年（昭和51）2月から始まったアントニオ猪木の『格闘技世界一決定戦』が状況を一変させた。とくにミュンヘン五輪柔道無差別級金メダリストのウイリエム・ルスカ、プロボクシング世界ヘビー級チャンピオンのモハメド・アリと猪木の対戦はまさに『格闘技世界一決定戦』の名に偽りなし。そのスケールは梶原のイマジネーションをも遥かに凌いでいた。アリ戦こそ異様な試合内容と15ラウンド判定引き分けという結果が酷評を浴びたものの、77年（昭和52）8月、名誉挽回を期して猪木が行なった全米プロ空手ザ・モンスターマンとの激闘は大評判を呼び、再び『格闘技世界一決定戦』は輝きを取り戻した。しかも猪木はモンスターマン戦をきっかけに自身の肉体を使って虚構と現実の境界を自在に行き来する術を完全にマスターし、異種格闘技戦をプロレスとして洗練させていったのだった。もはやフィクションを超えた存在となったアントニオ猪木に不可能はなかった。しかしながら、ヘビー級でなおかつ一流と呼べる格闘家の絶対数が限られていたこの時代、猪木は対戦相手不足というあらたな悩みを抱えることになった。

虚構と現実の融合

78年（昭和53）4月、梶原は週刊少年マガジンにて『四角いジャングル』（画・中城健）の連載を開始する。当初、この作品は架空の主人公・赤星潮と実在する格闘家ベニー・ユキーデの因縁の物語としてスタートしたのだが、なぜか序盤で主人公が姿を消し、アントニオ猪木、黒崎健時、藤原敏男、ウイリー・ウイリアムス、大山倍達ら実在する格闘技界の大物たちの動向とリンクしながらストーリーが展開する〝セミドキュメンタリー〟に作品コンセプトが変更された。これはあきらかに梶原と猪木の歩み寄り――『格闘技世界一決定戦』継続のための戦略の一環だったと見て間違いない。実際、当時、スポーツ新聞とわずかな月刊専門誌の他に情報を得る手段を持たなかったプロレス・格闘技ファンは、毎週、この作品からもたらされる虚実ない交ぜのトピックに一喜一憂しながら、80年（昭和55）2月のアントニオ猪木と〝熊殺し〟ウイリー・ウイリアムスによる頂上決戦の実現をひたすら待ち侘びたのだった。

年表

梶原一騎vs.アントニオ猪木
第1次格闘技ブーム誕生から終焉まで

第1次格闘技ブームとは、梶原一騎とアントニオ猪木の出会いと葛藤が生み出した未曾有の社会現象のことである。なおこの年表にはブームに関連した映画やテレビドラマ、さまざまな格闘技界のトピックも含まれている。一見、梶原一騎とは無関係に見える『仮面ライダー』もアイディアの原点は『タイガーマスク』であり、テレビドラマ版の肉体のみを武器に闘うアクションも『柔道一直線』の影響が色濃かった。それらの洗礼を受けた少年たちが、間もなく、沢村忠、大山倍達、ブルース・リー、千葉真一、アントニオ猪木と出会い、現実世界と地続きになったことでついに格闘技は爆発的ブームに至ったのだ。ここに提示した年表は格闘技がスポーツや文化として認知される以前の混沌とした時代の記憶である。また、20世紀最大のスーパーファイト『格闘技世界一決定戦　アントニオ猪木vs.モハメド・アリ』と『格闘技世界一決定戦　アントニオ猪木vs.ウイリー・ウイリアムス』実現までの経緯も詳細に記した。

1962 昭和37

1月

○週刊少年マガジンにて『チャンピオン太』（原作・梶原一騎／画・吉田竜夫）連載開始。〝スポーツ万能少年〟大東太が力道山に弟子入りしてプロレス世界チャンピオンを目指す物語。主人公と孤児院の子供たちとの交流、猛特訓による必殺技の開発など、後年の『タイガーマスク』のプロトタイプともいえる作品。

4月

■21日、渋谷リキ・スポーツパレス。『第4回ワールド・リーグ戦』開幕。猪木完至が弱冠19歳で初出場。

5月

■3日、鹿児島県体育館。猪木がルー・テーズと初対決。敗れるも外国人選手達に高い評価を受ける。

11月

○5日、フジテレビ系で日本初のプロレス実写ドラマ『チャンピオン太』（主演・遠藤恵一／製作・国際放映）放映開始。若き日の猪木が極悪レスラー〝死神酋長〟を熱演（第1話）。なお、猪木は第4話にも覆面レスラー〝ストライプ・スネイク〟として出演。

■9日、リングネームを猪木完至からアントニオ猪木に改名。

1963 昭和38

12月

■8日、赤坂のナイトクラブで力道山が暴力団員に腹部を刺される。

■15日、赤坂の山王病院で力道山死去（享年39）。

1967 昭和42

5月

○週刊少年キングにて『柔道一直線』（原作・梶原一騎／画・永島慎二、斎藤ゆずる）連載開始。

■12日、アントニオ猪木とジャイアント馬場が初タッグ。マイク・デビアス、ワルドー・フォン・エリック組に勝利。馬場とのタッグは「BI砲」と命名され、以降、日本プロレスの看板となる。

1968 昭和43

1月

○週刊少年マガジン『あしたのジョー』（原作・高森朝雄／画・ちばてつや）連載開始（＊註／高森朝雄は

1968 昭和43

梶原一騎のもう1つのペンネーム)。

○月刊ぼくら『タイガーマスク』(原作・梶原一騎/画・辻なおき)連載開始。ジャイアント馬場、アントニオ猪木、大木金太郎ら実在のプロレスラーも大挙登場。

7月

○週刊少年キング『ジャイアント台風』(原作・梶原一騎/画・辻なおき)連載開始。ジャイアント馬場の実録半生記であるが、物語の大半は梶原による創作。プロレスラーの虚構イメージを最大限に増幅し、プロレス少年に多大な影響を与えた。格闘技界と太いパイプを持つ梶原だからこそ可能なこの手法は、後年の『キックの鬼』『空手バカ一代』『プロレス・スーパースター列伝』でも遺憾なく発揮される。

9月

■TBS系で『キックボクシング中継』放映開始。新興格闘技キックボクシングが大ブレイク。〝真空飛び膝蹴り〟の沢村忠が一躍スーパースターとなる。

1969 昭和44

2月

○月刊少年画報『キックの鬼』(原作・梶原一騎/画・中城けんたろう)連載開始。沢村忠の伝記漫画。

5月

■16日、東京体育館。アントニオ猪木が「第11回ワールド・リーグ戦」決勝でクリス・マルコフを卍固めで破り初優勝。

6月

○TBS系で実写ドラマ『柔道一直線』(主演・桜木健一/製作・東映)放映開始。低年齢層の競技人口増に貢献。しかし、劇中に登場する「二段投げ」「フェニックス」「真空投げ」「地獄車」などの必殺技があまりにも荒唐無稽で柔道のイメージを極端に歪めたとの批判も。

○月刊冒険王『虹を呼ぶ拳』(原作・梶原一騎/画・つのだじろう)連載開始。極真会館の大山倍達総裁が監修。

10月

○アニメ『タイガーマスク』よみうりテレビ・日本テレビ系で放送開始。ジャイアント馬場と共にアントニオ猪木もキャラクターとして登場。

1970 昭和45

12月

■2日、大阪府立体育館。アントニオ猪木がドリー・ファンク・ジュニアの保持するNWA世界王座初挑戦。60分フルタイム、ノーフォール引き分けの歴史的名勝負となる。

3月

○24日、『あしたのジョー』の劇中で矢吹丈との激闘の末に命を落とした〝力石徹〟の葬儀が東京・文京区の講談社講堂で執り行われ、数百名のファンが参列。劇作家・寺山修司の呼びかけだった。

4月

○フジテレビ系でアニメ『あしたのジョー』（製作／フジテレビ、虫プロダクション）放映開始。

8月

■4日、東京体育館。馬場・猪木組が、ドリー・ファンク・ジュニア、テリー・ファンク組を破る。BI砲インタ・タッグ王座V10達成。

1971 昭和46

11月

■5日、アントニオ猪木が星野勘太郎と組み、ニック・ボック・ウインクル、ジョニー・クイン組を破り「第1回NWAタッグ・リーグ戦」優勝。

3月

■2日、蔵前国技館。馬場・猪木組が、ミル・マスカラス、スパイロス・アリオン組を破る。BI砲インタ・タッグ王座V13。

■26日、ロサンゼルス・オリンピック・オーデトリアム。アントニオ猪木がジョン・トロスを破り第6代「NWA認定ユナイテッド・ナショナル・ヘビー級」王者となる。初のシングル王座獲得。

4月

○NET系で特撮ドラマ『仮面ライダー』（主演・藤岡弘／毎日放送、東映）放映開始。大野剣友会が『柔道一直線』で披露して荒唐無稽と批判を受けた殺陣が『仮面ライダー』に引き継がれて開花。等身大ヒーローの生身のアクションに熱狂した少年たちの間に格闘技への関心が芽生える。

1971 昭和46

5月

○週刊少年マガジン『空手バカ一代』（原作・梶原一騎／画・つのだじろう）連載開始。〝牛殺し〟大山倍達・極真会館総裁が現代の超人として広く世間に紹介され、のちにフルコンタクト空手と呼ばれる極真けんか空手が一躍脚光を浴びる。

11月

■1日、アントニオ猪木が坂口征二と組み、キラー・コワルスキー、バディ・オースチン組を破り、第2回NWAタッグ・リーグ戦優勝。

12月

■7日、馬場・猪木組が、ドリー・ファンク・ジュニア、テリー・ファンク組に敗れる。BI砲インタ・タッグ王座転落。

■13日、アントニオ猪木「会社乗っ取り」を理由に日本プロレスを除名される。

■14日、アントニオ猪木が記者会見で日本プロレスの腐敗構造を公表。同社を告訴する声明文を発表。

1972 昭和47

1月

■26日、日本プロレスを追放されたアントニオ猪木が『新日本プロレスリング株式会社』設立発表。山本小鉄、木戸修、藤波辰巳、魁勝司（北沢幹之）、柴田勝久らが参加。

3月

■6日、新日本プロレス旗揚げ戦（東京・大田区体育館）。メインイベントはカール・ゴッチ対アントニオ猪木。ゴッチ47歳、猪木29歳。18歳という年齢差から みて猪木有利と思われたが、両者共ロープワークを使わないシビアなグラウンドの攻防の末、ゴッチがリバース・スープレックスで返してフォール勝ち（15分10秒体固め）。記念すべき旗揚げ戦でエースが敗れるという異例の結末のインパクトが、猪木の目指す理想のプロレス＝ストロングスタイルの方向性を観客に強く印象づけた。

4月

○週刊少年サンデー『柔道讃歌』（原作・梶原一騎／画・貝塚ひろし）連載開始。

1973 昭和48

10月

○週刊サンケイ『ボディガード牙』連載開始。極真会館がモデルの〝徹心会〟門下生・牙直人が主人公。内容は大人向けの『空手バカ一代』。

4月

■6日、NET（現テレビ朝日）が新日本プロレス中継「ワールド・プロレスリング」を金曜午後8時に放送開始。

10月

○アニメ『空手バカ一代』NET（テレビ朝日）系で放映開始。
■14日、アントニオ猪木が坂口征二と組んでルー・テーズ、カール・ゴッチ組と対戦。3本目に猪木がゴッチから初のフォールを奪い2－1で勝利。

11月

■5日、アントニオ猪木が美津子夫人と買い物に訪れた新宿・伊勢丹前の路上でタイガー・ジェット・シンの襲撃を受ける。
■30日、アントニオ猪木がタイガー・ジェット・シンと日本初のランバージャック・デスマッチを行い勝利。

1973 昭和48

12月

■10日、アントニオ猪木がジョニー・パワーズを2－1で破り、NWF世界ヘビー級王座奪取（第14代）。新日本プロレスに初の世界タイトルをもたらす。
■沢村忠が三冠王達成のプロ野球・王貞治を抑えて日本プロスポーツ大賞受賞。
○ブルース・リー主演『燃えよドラゴン』（監督ロバート・クローズ／ワーナー・ブラザース）日本公開。空前の大ヒット。『空手バカ一代』人気との相乗効果により〝カラテ映画ブーム〟到来。全国の空手、少林寺拳法の道場に入門希望者が殺到した。

1974 昭和49

2月

○『激突！殺人拳』（主演・千葉真一／監督・小沢茂弘／東映）公開。のちに猪木・モンスターマン戦をレフェリングする日本正武館（剛柔流）鈴木正文館長も出演。

1974 昭和49

3月

■19日、アントニオ猪木が元国際プロレス・エースのストロング小林と対戦。ジャーマン・スープレックス・ホールドでNWF王座初防衛。入場できない観客が3000人以上に達する記録的観客動員となった。

4月

○TBS『ウルトラマンレオ』（主演・真夏竜／製作・円谷プロダクション、TBS）放映開始。主人公が〝宇宙拳法の達人〟という設定でストーリーもスポ根化。特撮巨大ヒーロー番組にも〝カラテ映画ブーム〟と梶原作品の影響が顕著に現れる。

○日本テレビ系アニメ『柔道讃歌』（製作・東京ムービー）放映開始。

○『殺人拳2』（主演・千葉真一／監督・小沢茂弘／東映）公開。

○ブルース・リー主演『ドラゴン危機一発』（製作・ゴールデン・ハーベスト／東和配給）日本公開。

7月

○ブルース・リー主演『ドラゴン怒りの鉄拳』（製作・ゴールデン・ハーベスト／東和配給）日本公開。

○東京12チャンネル（テレビ東京）『闘え！ドラゴン』放映開始。香港映画で活躍し、逆輸入の形で凱旋帰国した倉田保昭主演のアクションドラマ。マンモス鈴木、羽田光男（ロッキー羽田）、伊藤正男らプロレスラーの他、キックの沢村忠も出演。

8月

■1日、『実力世界一決定戦』。アントニオ猪木がカール・ゴッチをエビ固めで破る。

○週刊サンケイにて『新・ボディガード牙』（原作・梶原一騎／画・中条健）連載開始。

○『直撃！地獄拳』（主演・千葉真一／監督・石井輝男／東映）公開。

○『女必殺拳』（主演・志穂美悦子／監督・山口和彦／東映）公開。

10月

■10日、アントニオ猪木が大木金太郎を破り、NWF王座V6。

11月

○『逆襲！殺人拳』（主演・千葉真一／監督・小沢茂弘／東映）公開。

12月

『直撃地獄拳　大逆転』（主演・千葉真一／監督・石井輝男／東映）公開。
○『女必殺拳　危機一発』（主演・志穂美悦子／監督・山口和彦／東映）公開。

1975 昭和50

1月

○ブルース・リー主演・監督『ドラゴンへの道』（コンコルド・プロダクション製作／東映洋画配給）日本公開。東京・新宿ミラノ座で封切り2日目に1万8000人動員。世界の映画史上最高の観客数を記録と話題に。

2月

○『少林寺拳法』（主演・千葉真一／監督・鈴木則文／東映）公開。
■ニューヨークの新聞がプロボクシング世界ヘビー級王者モハメド・アリの「100万ドルの賞金を用意する。東洋人で俺に挑戦する者はいないか？」という談話を掲載。八田一朗・アマレス協会会長がこの記事をアメリカから持ち帰り、アントニオ猪木が激怒。

3月

■全世界へ向け、アントニオ猪木がモハメド・アリへの挑戦をアピールすると同時に対戦要望書を送付。

6月

■マレーシアでの防衛戦のため日本に立ち寄ったモハメド・アリに、猪木の代理人が挑戦状を届ける。
○大木金太郎が師・力道山を侮辱したとして極真会館の大山倍達総裁に挑戦表明。

8月

○『けんか空手　極真拳』（主演・千葉真一／監督・山口和彦／東映）公開。
○『帰って来た女必殺拳』（主演・志穂美悦子／監督・山口和彦／東映）公開。

10月

■9日、アントニオ猪木がルー・テーズを破りNW

1975 昭和50

F王座防衛。

1975 昭和50

11月

■極真会館主催の直接打撃制ルールによる「第1回世界大会」で佐藤勝昭が優勝。ウイリー・ウイリアムスも出場。

○『激突!合気道』(主演・千葉治郎/監督・小沢茂弘/東映)公開。

12月

○『けんか空手　極真無頼拳』(主演・千葉真一/監督・山口和彦/東映)公開。

■11日、アントニオ猪木がビル・ロビンソンと60分フルタイム引き分け(1－1)。立会人のルー・テーズが「今世紀最高の試合」と絶賛。NWF王座V2。

1976 昭和51

1月

○『必殺女拳士』(主演・志穂美悦子/監督・小平裕/東映)公開。

■ミュンヘン・オリンピック柔道無差別級金メダリストのウイリエム・ルスカがアントニオ猪木への挑戦を表明。

1976 昭和51

2月

■6日、東京・日本武道館でアントニオ猪木とウイリエム・ルスカによる『格闘技世界一決定戦』。猪木がバックドロップ3連発でTKO勝利。

3月

■25日、ニューヨーク・プラザホテルでアントニオ猪木とモハメド・アリによる調印式。試合はオープンルールで行うと発表。

4月

■日本ボクシング協会(日本プロボクシング協会)、猪木・アリ戦撤回要望書をコミッショナーに提出。

○『子連れ殺人拳』(主演・千葉真一/監督・山口和彦/東映)公開。

○『女必殺五段拳』(主演・志穂美悦子/監督・小沢茂弘/東映)公開。

5月

○ドキュメンタリー映画『地上最強のカラテ』(製作

総指揮・梶原一騎）公開。
■24日、モハメド・アリ、リチャード・ダンを相手にKO防衛後（7連続防衛に成功）、猪木戦に備えてザ・シークを招いてプロレス特訓。

6月

■2日、モハメド・アリ、米国フィラデルフィアでWWWF（WWE）のリングに飛び入り、ゴリラ・モンスーンと乱闘。
■10日、モハメド・アリ、米国イリノイ州シカゴのインターナショナル・アンフィシアターにてプロレスラーのバディ・ウォルフ、ケニー・ジェイとミックスド・マッチで対戦（猪木戦のプロモーション）。ウォルフが流血し、レフェリーのバーン・ガニアが試合を止める。ジェイはKO負け。
■元WBC世界スーパーフェザー級王者・柴田国明、モハメド・アリが猪木に敗れれば自分が挑戦すると表明。
■アントニオ猪木、金子ジムでプロボクサー長岡俊彦とスパーリング特訓。
■18日、モハメド・アリが来日会見。猪木がアリに松葉杖を贈り挑発する。
■20日、猪木・アリ公開スパーリング。猪木のスパーリングを見たアリ陣営が急遽ルール変更を要求。受

1976 昭和51

け入れなければ出場を拒否するとの強硬姿勢に、やむをえず猪木陣営が変則ルールを受諾。
■23日、京王プラザホテル『TV調印式ディナーパーティー』の席上、猪木が調印前にマイクを掴んで「アリはあれだけ大口を叩いておきながら、裏で〝ドロップキックは使わないでくれ〟〝空手チョップはやめてくれ〟と、汚い手を使って要求してくる。私は手と足に縄をかけられたようなものだが、それでもこの試合を実現させるために全てを飲んできた」と生放送中に発言。
■26日、東京・日本武道館でアントニオ猪木、モハメド・アリによる『格闘技世界一決定戦』開催。結果は15回判定引き分け。猪木がプロレスラーの強さを全世界にアピールするべく実現させた世紀の一戦は、だが、真逆の結果をもたらす。待ち受けていたのはあろうことか「凡戦」「八百長」の大合唱。当時、初めてリアルファイトを目の当たりにしたマスコミや一般視聴者は真剣勝負ゆえの膠着状態の意味を理解できなかった。結局、プロレスを色眼鏡で見ている彼らが猪木・アリ戦にイメージしていた試合展開とは派手なKOや大技が炸裂する劇的な〝プロレス〟だった。

同日、ニューヨーク・シェアスタジアムでアンドレ・ザ・ジャイアントがプロボクサーのチャック・ウェッ

プナーと対戦し、リングアウト勝ち。ロサンゼルスでもウイリエム・ルスカがプロレスラーのドン・ファーゴに勝利した。

＊これらの模様は全世界に衛星生中継されて8億人が視聴。また、全米300カ所でクローズド・サーキット(有料の劇場観戦)も行われた。

＊猪木・アリ戦の日本国内でのテレビ視聴率は瞬間で最高54%を超えた。

8月

■7日、ブラジルでウイリエム・ルスカが、9年間不敗のバーリ・トゥード王者イワン・ゴメスと対戦。凄惨なセメントマッチの末にルスカが勝利(ゴメスがエプロンでスリーパーをかけたままブレイクせずカウントアウト)。プロレス・ルールの裁定結果をめぐって紛糾。

○『武闘拳　猛虎激殺!』(主演・倉田保昭/監督・山口和彦/東映)公開。

10月

■7日、東京蔵前国技館でアントニオ猪木、アンドレ・ザ・ジャイアントによるプロレスラー同士の『格闘技世界一決定戦』。猪木がTKO勝ち。

1976 昭和51

■9日、アントニオ猪木、韓国・大邱でパク・ソンナン(テコンドーの達人という触れ込みのトップレスラー)にKO勝ち。

11月

■パキスタンの英雄アクラム・ペールワンがアントニオ猪木に挑戦を表明。

12月

■9日、東京蔵前国技館でアントニオ猪木とウイリエム・ルスカが再戦。レフェリーストップで猪木勝利。このリベンジマッチに向けて、ルスカはカール・ゴッチのもとでトレーニングを積んでいた。

■12日、パキスタンのカラチ・ナショナル・スタジアムで、アントニオ猪木とアクラム・ペールワンが対戦。猪木の腕がらみ(ダブルリストロック)が完全に極まるもペールワンがギブアップしないため肩関節を破壊。猪木が凄絶なKO勝ちを収める。この一戦はルールも曖昧なままゴングが鳴るという異常事態で行われた。猪木は苦し紛れに噛みついてきたアクラムの眼を抉ったともいわれる。後味の悪い勝利は、猪木の心にも一生消えない傷を残した(アクラムはこの一戦で再起不能となり、引退)。

○18日、ドキュメンタリー映画『地上最強のカラテPART2』(製作総指揮・梶原一騎)公開。ウイリー・ウイリアムスが劇中で体長2メートル45センチ、体重320キロの灰色熊と対戦。〝熊殺し〟の異名を取る(註/本編中にウイリーが熊を殴り殺したシーンは存在しない)。

ベニー・ユキーデ(1952-)

168センチ、60キロ。アメリカ・カリフォルニア州出身。格闘技一家に生まれ、幼い頃から両親にボクシングとレスリングを学ぶ(スペイン人の父は元プロボクサー、ネイティブアメリカンの母は元女子プロレスラー)。極貧生活(10人兄弟)と混血という生い立ちから激しい差別を受け、強くなりたい一心で8歳より柔道、空手、テコンドー、剣道、合気道をマスターする。小柄なユキーデはつねに自分よりも大きな相手とファイトしなければならない宿命にあり、さまざまな格闘技からより実戦的なテクニックを選りすぐって吸収。その過程で独特のファイトスタイルが構築されていった。74年、プロデビュー。76年、WKA(世界キックボクシング協会)参戦。以降、WKA世界スーパーライト級、PKA世界ライト級、WPKA世界ライト級等のタイトルを総なめにした。91年、現役を引退。戦績は61戦58勝(49KO)1敗2無効試合。唯一の黒星(判定負け)は78年に日本で行われたプライユット・シーソンポップ戦(タイ国ウエルター級5位)。相手は1階級上で不慣れなムエタイルールだった。その後、ユキーデは俳優としてジャッキー・チェン主演『スパルタンX』(84)、『サイクロンZ』(88)、シャノン・リー主演『エンター・ザ・イーグル』(98)等に出演。アクションスターとしても存在感を示した。

1977 昭和52

2月

■16日、アントニオ猪木がニューヨークタイムズ紙上でモハメド・アリとの〝再戦〟をアピール。

4月

■アンドレ・ザ・ジャイアントがモハメド・アリに挑戦を表明。

5月

■モハメド・アリ陣営と新間寿が再戦についての会談を行う。
○『空手バカ一代』(主演・千葉真一／監督・山口和彦／東映)公開。見せ場である空手vs.プロレスの場面には、スネーク奄美、米村勉(天心)、鶴見五郎、リップ・タイラー、エディ・サリバンらが出演

6月

■2日、猪木側代理人、モハメド・アリと再戦同意書を取り交わす。アリが再戦を受ける付帯条件を提示。

1977 昭和52

(1)全米プロ空手マーシャルアーツ世界スーパー・ヘビー級王者ザ・モンスターマン・エベレット・エディの挑戦を受けること。
(2)10月にヘビー級プロボクサーと対戦し、試合VTRを提出すること。
＊後年、著者の質問に猪木は「アリとの再戦はないと思っていた」と答えている。つまり、ここに記した再戦受諾の付帯条件は、アリ戦の興行的失敗の穴埋めのために継続されることが決定した『格闘技世界一決定戦』のプロモーション戦略だったことになる。
■アントニオ猪木との対戦が決定したザ・モンスターマンがニューヨークのマジソン・スクエア・ガーデンでジョー・ヘスにTKO勝利。
■全米プロ空手マーシャルアーツ世界ライト級王者ベニー・ユキーデが日本の格闘家の挑戦を受けると表明。

7月

■目白ジムのキックボクサー、岡尾国光がベニー・ユキーデへの挑戦を表明。
■25日、ザ・モンスターマンとベニー・ユキーデが東洋パブリックジムで公開スパーリング。
■27日、アントニオ猪木vs.ザ・モンスターマン調

印式。当日、猪木は公開スパーリング、調印式ともに欠席。謎の失踪に会場が騒然となった。

8月

■2日、東京・日本武道館でアントニオ猪木とザ・モンスターマンによる『格闘技世界一決定戦』。5ラウンド、ギロチン・ドロップで猪木のKO勝ち。視聴率29・8%は裏番組の巨人戦を上回り、一気にアリ戦の汚名を返上。

■同日、ベニー・ユキーデが代打出場の鈴木勝幸に6回KO勝ち。

■アントニオ猪木の10月の対戦相手にプロボクシング前ヘビー級世界チャンピオンのジョージ・フォアマンが内定。

■23日、世界格闘技協会(WMAの前身)発足。11月14日、日本武道館での旗揚げが発表される。スター候補生として新日本プロレスの佐山サトルが目白ジムでキックボクシングのトレーニングを開始。

9月

■モントリオール・オリンピック柔道銅メダリストのアレン・コージ(バッファロー・アレン)がプロ転向。坂口征二との対戦が決定。

○アリ戦によって世界に名を知られた猪木がパラマウント映画『がんばれ!ベアーズ大旋風―日本遠征―』にアントニオ猪木本人の役でゲスト出演。劇中、唐突に現れた猪木がリング上で空手の試割りを行うなど意味不明な役だった。

10月

■アントニオ猪木の対戦相手がジョージ・フォアマンから映画『ロッキー』のモデルとなったヘビー級プロボクサーのチャック・ウェップナーに変更。理由はギャラの問題と発表される。＊註/猪木は後に著者によるインタビューでフォアマンとの交渉の事実はなかったと語っている。

■25日、日本武道館。「格闘技世界一決定戦」。モハメド・アリを苦しめたプロボクシング・ヘビー級のチャック・ウェップナーと、佐山聡考案のオープン・フィンガー・グローブを着用して対戦。6ラウンド、ボストンクラブで勝利。視聴率29%。「異種格闘技戦」というコンセプトが完全に定着。

■同日、坂口征二が柔道ジャケットマッチで、バッファロー・アレンに5回送り襟締めと逆腕固めの複合技で勝利。

1977 昭和52

11月

■14日、東京・日本武道館で世界格闘技協会設立記念試合として全日本キックボクシング連盟と全米プロ空手マーシャル・アーツの全面対抗戦開催。全日本キックが圧勝。

同大会に出場した新日本プロレスの佐山サトルが、全米マーシャル・アーツのマーク・コステロと対戦。ミドル級への無理な減量と初のキックルールに苦戦。一方的な試合展開で6ラウンド判定負けを喫する。

12月

■極真会館ニューヨーク支部のウイリー・ウイリアムスが「30秒で猪木をKOする!」と発言し、非公式に猪木への挑戦を表明。

■8日、東京・蔵前国技館でウイリエム・ルスカ、バッファロー・アレンによる柔道ジャケットマッチ。ルスカが送り襟締めで勝つ。

同日、アントニオ猪木は〝密林男〟グレート・アントニオに容赦ない顔面キックを浴びせ、3分余りでKO。

1978 昭和53

2月

■5日、全日本プロレスに参戦していた元東京オリンピック柔道無差別級金メダリストのアントン・ヘーシンクがジャンボ鶴田戦を最後にプロレス界引退。

■8日、アントニオ猪木が上田馬之助を相手に史上初の「五寸釘板デスマッチ」。TKO勝ち。

■15日、モハメド・アリがレオン・スピンクスに敗れて王座転落。アントニオ猪木との再戦問題が白紙に。

3月

■6日、ビンス・マクマホンが米国ペンシルベニア州フィラデルフィアで『格闘技オリンピック』と銘打たれた異種格闘技戦のイベント開催計画を発表。

■8日、東京・後楽園ホールで藤原敏男(目白ジム改め新格闘術所属)がモンサワン・ルークチェンマイ(ラジャダムナン系ライト級チャンピオン)を4回KO。ムエタイ史上初の外国人王者となる。

■20日、ニューヨーク・マジソン・スクエア・ガーデンで坂口征二とウイリエム・ルスカによる柔道ジャケットマッチ。坂口が反則勝ち。

4月

■4日、ペンシルベニア州フィラデルフィア・アリーナで開催された『格闘技オリンピック』に新日本プロレスから3選手が参加。ストロング小林がバッファロー・アレンにバックブリーカーで勝ち、坂口征二がモンスターマンに4回TKO負け。メインイベントに登場したアントニオ猪木は全米マーシャルアーツ・ヘビー級チャンピオンのザ・ランバージャック・ジョニー・リーに3回TKO勝ちを収めた。

○週刊少年マガジン『四角いジャングル』（原作・梶原一騎／画・中城健）連載開始。アントニオ猪木、黒崎健時、藤原敏男、ウイリー・ウイリアムス、大山倍達ら実在する格闘技界の大物たちの動向とリンクしながらストーリーが展開する〝セミドキュメンタリー〟の手法が話題を呼ぶ。また、メディアミックス戦略として同時進行で製作されたドキュメンタリー映画『四角いジャングル』3部作も、のちに梶原の創作と判明するエピソードと現実の架け橋の役割を果たしていた。

■極真会館ニューヨーク支部のウイリー・ウイリアムスが正式に猪木へ挑戦を表明。

■大阪府立体育会館でベニー・ユキーデが空手家・内藤武士2段をジャンピング・バックスピンキック1発で1回KO。

■アントニオ猪木がプロレス界のベルト統一構想を発表。世界統一のスタートとして〝ヨーロッパの帝王〟ローラン・ボックとの対戦を発表。

○ブルース・リー遺作『死亡遊戯』（ロバート・クローズ監督／ゴールデン・ハーベスト製作／東宝東和配給）公開。

1978 昭和53

6月

■1日、ボブ・バックランドとアントニオ猪木がWWWF（現WWE）とNWFのダブルタイトル戦。61分フルタイムを闘い、WWWF世界ヘビー級王者バックランドに1－0で勝利するがタイトルの移動はなし。

■7日、福岡スポーツセンターでアントニオ猪木とザ・モンスターマンによる『格闘技世界一決定戦』（再戦）。猪木が7回グラウンド・コブラによるギブアップ勝ち。同日、坂口征二がザ・ランバージャックに3回TKO勝ち。

■大山茂・極真会館北米支部長が帰国。ウイリー・ウイリアムスのアントニオ猪木への挑戦を正式に発表。

1978 昭和53

8月

■東京・田園コロシアムで行われた新格闘術の大会で、それまで無敗のベニー・ユキーデがムエタイのプライユット・シーソンポップ（ルンピニースタジアム・ウエルター級5位）に判定負け。
○週刊サンケイにて『新カラテ地獄変』（原作・梶原一騎／画・中条健）連載開始。

9月

■15日、モハメド・アリがレオン・スピンクスとの再戦に勝ち、3度目の王座返り咲き。アントニオ猪木との再戦計画が始動する。
■来日中の前プロボクシングWBCヘビー級王者ケン・ノートンが翌年2月のアントニオ猪木との対戦に同意。

10月

■ベニー・ユキーデが藤原敏男との格闘技ライト級世界一決定戦を発熱のためキャンセル。

1978 昭和53

11月

■2日、アントニオ猪木、梶原一騎、黒崎健時（新格闘術主宰・藤原敏男の師）による共同記者会見。翌79年4月、東京・後楽園球場で開催予定の『格闘技プレオリンピック』でアントニオ猪木とウイリー・ウイリアムスの対戦決定が発表される。
■同日、劇画『四角いジャングル』で話題になった〝謎の空手家〟ミスターXとアントニオ猪木の対戦が翌年2月に決定と発表。
○映画『格闘技世界一 四角いジャングル』（製作総指揮・梶原一騎）公開。
■アントニオ猪木、ローラン・ボックの主催する『欧州世界選手権シリーズ』参戦。強行スケジュールの中、連日異なるルールでプロレスラー、アマレスラー、ボクサーと対戦。
＊7日、第1戦　西ドイツ・バーデン＝ヴュルテンベルク州ラーフェンスブルク　オーバーシュヴァーベンホールでアントニオ猪木vs.ウイリエム・ルスカ（4分10回戦）。5回、猪木が体固めで勝利。
＊8日、第2戦　西ドイツ・ノルトライン＝ヴェストファーレン州デュッセルドルフ　フィリップホールでアントニオ猪木vs.ローラン・ボック

（4分5回戦）。5回、猪木が反則勝ち。
＊9日、第3戦　西ドイツ・ヘッセン州フランクフルト　フェストホールでアントニオ猪木vs.カール・ミルデンバーガー（元プロボクシング世界ヘビー級3位。西ドイツの国民的英雄）による異種格闘技戦（3分15回戦）。4回、猪木が逆エビ固めで勝利。
＊10日、第4戦　西ドイツ・ハンブルグ特別市　スポーツホール・アルスタードルファーでアントニオ猪木vs.レネ・ラサルテス（4分10回戦）。10回時間切れ引き分け。
＊11日、第5戦　西ドイツ・ニーダーザクセン州ハノーバー　メッセ・スポーツパレスでアントニオ猪木vs.レネ・ラサルテス（4分10回戦）。猪木が5回逆腕固めで勝利。
＊12日、第6戦　西ドイツ・ベルリン特別市　ドイチュラントホールでアントニオ猪木vs.ローラン・ボック（4分10回戦）。5回両者リングアウト。
＊13日、第7戦　西ドイツ・ヘッセン州カッセル　アイススポーツホールでアントニオ猪木vs.レネ・ラサルテス（4分10回戦）。猪木が5回体固めで勝利。
＊14日、第8戦　西ドイツ・シュレースヴィヒ＝ホルシュタイン州キール　オストゼーホールで

1978 昭和53

アントニオ猪木vs.ウィルフレッド・デートリッヒ（4分10回戦）。猪木が4回腕固めで勝利。
＊17日、第9戦　西ドイツ・バイエルン州ミュンヘン　ゼトルマイヤー・スポーツホールでアントニオ猪木vs.ウイリエム・ルスカ（4分10回戦）。10回時間切れ引き分け。
＊18日、第10戦　西ドイツ・バーデン＝ヴュルテンベルク州オッフェンブルク　オーバーラインホールでアントニオ猪木vs.レネ・ラサルテス（4分10回戦）。猪木が反則勝ち。
＊19日、第11戦　スイス・バーゼル＝シュタット準州バーゼル　ザンクト・ヤコブ・スポーツホールでアントニオ猪木vs.レネ・ラサルテス（4分10回戦）。猪木が5回反則勝ち。
同日、第12戦　オーストリア・ウィーン市　ウィンナー・ハレンスタディオンでアントニオ猪木vs.オイゲン・ウィスバーガー（4分10回戦）。猪木が4回反則勝ち。
＊20日、第13戦　西ドイツ・ザールラント州ザールブリュッケン　ザールラントホールでアントニオ猪木vs.レネ・ラサルテス（4分10回戦）。猪木が4回体固めで勝利。
＊21日、第14戦　西ドイツ・ラインラント＝プファルツ州ルートヴィヒスハーフィン　フリート

リッヒ・イバルトホールでアントニオ猪木vs.ウィルフレッド・デートリッヒ（4分10回戦）。＊当時、この試合の結果は日本では4回両者リングアウトと報道されたが、プロレス史家・那嵯涼介氏の調査によれば「猪木の試合放棄」「猪木のピンフォール勝ち」と関係者の証言が分かれており現時点で真相は不明だという）

＊23日、第15戦　オランダ・南ホラント州ロッテルダム　スポーツパレス・アホイでアントニオ猪木vs.ウイリエム・ルスカ戦（4分10回戦）。10回時間切れ引き分け。＊当初、対戦予定のアントン・ヘーシンクが試合をキャンセル。急遽、ルスカが出場した。

＊24日、第16戦　西ドイツ・ノルトライン＝ヴェストファーレン州ドルトムント　ヴェストファーレンホールでアントニオ猪木vs.オットー・ワンツ（4分10回戦）。10回時間切れ引き分け。

＊25日、第17戦　西ドイツ・バーデン＝ヴェルテンベルク州シュツットガルト　キレスベルクホールで欧州世界選手権シリーズ決勝戦。アントニオ猪木vs.ローラン・ボック（4分10回戦）。ボックが10回判定勝ち。

＊26日、第18戦　ベルギー・リエージュ州リエージュ　パレス・デ・スポーツでアントニオ猪木vs.

チャールズ・ベルハースト（4分10回戦）。猪木が4回逆さ押さえ込みで勝利。

＊27日、第19戦　ベルギー・アントウェルペン州アントウェルヘン（アントワープ）アントニオ猪木vs.ウイリエム・ルスカ（4分10回戦）。猪木が4回反則勝ち。

＊28日、第20戦　オランダ・南ホラント州スヘフェニンゲン　メッセホールでアントニオ猪木vs.ウイリエム・ルスカ（4分10回戦）。猪木が2回反則勝ち。

＊29日、スイス・チューリッヒ州チューリッヒ ホーレンスタジアムにおける「障害者のためのチャリティ・スポーツの祭典」でエキシビションマッチとしてアントニオ猪木vs.ルドルフ・ハンスバーガー（スイスの民族レスリング＝シューインゲンの王者）が行われる。

12月

■14日、大阪府立体育会館。アントニオ猪木がボブ・バックランドの保持するWWFヘビー級王座に挑戦。リングアウト勝ちするもルールによりタイトル移動なし。

■16日、蔵前国技館。ヒロ・マツダを破り「プレ日本選手権」優勝。

■18日、アントニオ猪木にWWF認定『格闘技世界ヘビー級選手権』のベルトが贈られる。同日、ニューヨーク・マジソン・スクエア・ガーデンで初防衛戦。テキサス・レッドに勝利。
■東京・後楽園ホールで藤原敏男がベニー・ユキーデを破ったプライユット・シーソンポップ（ムエタイ）に勝利。

23日間に5カ国で22戦を行うという超過密スケジュールの欧州遠征を終えて帰国した猪木は、最悪のコンディションのままWWWFヘビー級王者ボブ・バックランド戦、ヒロ・マツダとのプレ日本選手権決勝戦、ニューヨーク・マジソン・スクエア・ガーデンでのテキサス・レッドとの格闘技世界ヘビー級選手権の防衛戦に臨んだ。この猪木史上もっとも過酷な2カ月の闘いがそのレスラー生命に及ぼした影響は計り知れない（写真はヒロ・マツダ戦／78年12月16日）。

©Essei Hara

1979 昭和54

1月

■25日、アントニオ猪木とウガンダ共和国の独裁者アミン大統領の格闘技戦という前代未聞のプランが発表される。2月16日調印式、特別レフェリーにモハメド・アリを招いて6月10日にウガンダの首都カンパラで開催という計画だった。

2月

■ウガンダで政変が勃発し、アミン大統領が国外に亡命。アントニオ猪木との対戦は幻に終わる。
■6日、大阪府立体育館で『格闘技世界一決定戦』アントニオ猪木vs.ミスターX。猪木が3回、腕ひしぎ逆十字で勝利。劇画『四角いジャングル』に登場した謎の強豪とは似ても似つかない肥満体の覆面空手家Xのお粗末な空手に偽者説が噂される。後に仕掛け人の梶原一騎が招聘を予定していたジョー・ヘスと条件が折り合わず、急遽、代役（のちに全日本に来日したグレート・マーシャルボーグという説もあるが真偽不明）をミスターXに仕立て上げたことを認めた。
　同日、新日本プロレスのリングでIKA、WKA認定全米プロ空手世界ヘビー級選手権試合としてネービー・ハリケーンvs.クレイジー・レッグスが行われ、ハリケーンが3回KOで勝利。

1979 昭和54

3月

■アントニオ猪木への挑戦のため〝スーパーマン〟レフトフック・デイトン来日。カンフー（中国拳法）並びに空手の全米王者にしてボディビル〝ミスター・アメリカ〟。CBSテレビ『ストロンゲストマン・コンテスト』でも圧倒的高得点で栄光を勝ち得た〝スーパーマン〟という触れ込みの未知の格闘家だった。
■26日、デイトンがNET（テレビ朝日）『アフタヌーンショー』に出演。生放送で〝手錠ちぎり〟のデモンストレーションを披露。
■29日、東京・後楽園ホールで藤原敏男vs.西城正三。藤原が元プロボクシング世界フェザー級王者の西城を一方的に攻め込み3回TKO（タオル投入）。この試合結果に不満を抱いて「キック（ボクシング）なんていうのはシャモのケンカ」と発言した元プロボクシング世界ライト級王者のガッツ石松に藤原が挑戦状を叩きつけた。後日、石松が謝罪し、この一戦は実現せず。

1979 昭和54

4月

■3日、福岡スポーツセンターでアントニオ猪木とレフトフック・デイトンによる『格闘技世界ヘビー級選手権』。6回、猪木が頭突き連打からのバックドロップでTKO勝利。

同日、同会場で全米プロ空手ヘビー級選手権試合。タンク・ウォーレスがネービー・ハリケーンに判定勝ち。

○映画『激突！格闘技　四角いジャングル』(製作総指揮・梶原一騎)公開。

■14日、東京・後楽園ホールで新格闘術と大日本格闘技軍団プロ空手(大塚剛主宰)が全面対抗戦。新格闘術の圧勝に終わる。

5月

■〝熊殺し〟ウイリー・ウイリアムス来日。新格闘術黒崎道場で猪木戦に向け特訓。

6月

■7日、蔵前国技館。アントニオ猪木がスタン・ハンセンを破り、「第2回MSGシリーズ」優勝。

1979 昭和54

■16日、パキスタン・ラホール。10万5000人の観衆を集めアントニオ猪木がジュベール・ペールワンと対戦。10分5ラウンド、時間切れ引き分け。ジュベールはアクラムの甥。

■18日、パキスタン・カラチ。アントニオ猪木がタイガー・ジェット・シンと対戦。両者KOにより引き分け。

8月

■カナダの現職警官で空手家のキム・クロケードが猪木に挑戦表明。

■猪木、ウイリー同席で記者会見。試合は翌年2月と発表。

■26日、日本武道館。東京スポーツ新聞社創立20周年記念事業として「プロレス夢のオールスター戦」が開催される。史上初めて新日本、国際、全日本の選手が集結。メインイベントで8年ぶりにアントニオ猪木がジャイアント馬場とBI砲を結成。アブドーラ・ザ・ブッチャー、タイガー・ジェット・シン組と対戦し、逆さ押さえ込みでシンをフォール。

10月

■5日、韓国奨忠体育館でルスカが猪木の持つW

1979 昭和54

WF認定格闘技世界ヘビー級選手権に挑戦。弓矢固めで猪木勝つ。
■かねてより猪木に果たし合い（ノールールの野試合）を迫っていた鎖鎌の達人で世界松林流空手の水谷征夫師範が猪木と和解。両者による「寛水流空手」の設立が名古屋公会堂で発表された。

11月

■ウイリー再来日。極真空手第2回世界大会に出場し、圧倒的強さを見せるも準決勝で三瓶啓二に反則負け。
■30日、徳島市体育館。アントニオ猪木がボブ・バックランドの保持するWWF（WWWFより改称）ヘビー級に王座挑戦。フォール勝ちで日本人初の第9代WWFヘビー級王者となる。

12月

■6日、蔵前国技館。ボブ・バックランドを挑戦者にWWFヘビー級王座防衛戦。タイガー・ジェット・シン、マサ斎藤の乱入により無効試合。王座返上。
■13日、京都府立体育館。カナダの現職警官キム・クロケードと異種格闘技戦。3ラウンドKO勝ち。
■同日、坂口とルスカによる『プロ柔道世界一戦』は引き分け。

1980 昭和55

1月

■雑誌GOROに掲載された極真会幹部による座談会記事「ウイリーのパンチ1発で猪木は死んじゃうよ」「猪木はもうトシ」「猪木のアリキックなど極真に比べたら子供だまし」に新日本側が激怒。謝罪しなければウイリー戦を白紙撤回および極真空手世界王者・中村誠と新日本プロレス所属選手（藤原喜明、荒川真、山本小鉄の3人の中の1人）との対戦を要求。最終的に黒崎健時が仲介に入り和解したが、両団体に感情的しこりが残った。
■ウイリー、バンコクでムエタイ特訓。
○19日『最強最後のカラテ』（製作総指揮及び監督・梶原一騎）公開。

2月

■8日、東京体育館。アントニオ猪木がスタン・ハンセンに敗れNWF王座転落。
■猪木vs.ウイリー戦の決定を受けて極真会館は大山茂北米支部長の禁足処分とウイリーの破門処分を発表。

1980 昭和55

■27日、蔵前国技館で猪木とウイリーによる『格闘技世界一決定戦』。猪木は肋骨にひび、ウイリーは左腕靭帯損傷で4回両者ドクターストップの痛み分け。この一戦を最後に猪木は一旦、異種格闘技戦を封印。第1次格闘技ブームは幕を閉じた。

4月

■3日、蔵前国技館。アントニオ猪木がスタン・ハンセンを破り、NWF王座返り咲き（第18代）。
○週刊少年サンデー『プロレススーパースター列伝』（原作・梶原一騎／画・原田久仁信）連載開始。

12月

○映画『格闘技オリンピック 四角いジャングル』（製作総指揮・梶原一騎）公開。
■10日、大阪府立体育会館。アントニオ猪木がボブ・バックランドと組み、スタン・ハンセン、ハルク・ホーガン組に勝利。第1回MSGタッグリーグ戦優勝。
■13日、アントニオ猪木が世界に乱立する王座を統一するIWGP構想を発表。IWGPとはインターナショナル・レスリング・グランプリの略称。世界6地域で予選を行い、その勝者によるリーグ

1980 昭和55

戦を日本で開催し、ニューヨーク・マジソン・スクエア・ガーデンで優勝を決定するという壮大な計画だった。

1978年（昭和53）11月2日、アントニオ猪木、黒崎健時（新格闘術主宰・藤原敏男の師）、ウイリー・ウイリアムス、梶原一騎による共同記者会見の模様。翌79年（昭和54）、東京・後楽園球場で開催予定の『格闘技プレオリンピック』にてアントニオ猪木とウイリー・ウイリアムスの対戦が発表された。梶原は『地上最強の空手』でウイリーの〝熊殺し〟伝説を演出し、さらに『四角いジャングル』で猪木との対戦実現まで自作自演のプロモーションを展開。80年（昭和55）2月27日、蔵前国技館にて第1次格闘技ブームの掉尾を飾った。

格闘技世界一決定戦／1976～1980戦績

1976.2.6　東京・日本武道館

A猪木（20分35秒 TKO）ウイリエム・ルスカ／柔道

1976.6.26　東京・日本武道館

A猪木（15R判定引き分け）モハメド・アリ／プロボクシング

1976.10.7　東京・蔵前国技館

A猪木（23分44秒 レフェリー・ストップ）アンドレ・ザ・ジャイアント／プロレス

1976.12.12　パキスタン・カラチ・ナショナル・スタジアム

A猪木（3R1分5秒 ドクターストップ）アクラム・ペールワン／インドレスリング

1977.8.2　東京・日本武道館

A猪木（5R1分38秒 KO）ザ・モンスターマン・エベレット・エディ／マーシャルアーツ

1977.10.25　東京・日本武道館

A猪木（6R1分35秒　逆エビ固め）チャック・ウェップナー／プロボクシング

1978.4.4　米国ペンシルベニア州フィラデルフィア・アリーナ

A猪木（3R1分19秒 KO）ザ・ランバージャック・ジョニー・リー／マーシャルアーツ

1978.6.7　福岡スポーツセンター

A猪木（7R 1分58秒グラウンドコブラ）ザ・モンスターマン・エベレット・エディ／マーシャルアーツ

1978.11.9　西ドイツ・フランクフルト・フェストホール

A猪木（4R1分15秒 逆エビ固め）カール・ミルデンバーガー／プロボクシング

1979.2.6　大阪府立体育会館

A猪木（3R0分50秒 逆十字固め）ミスターX/ マーシャルアーツ

1979.4.3　福岡スポーツセンター

A猪木（6R1分29秒 TKO）レフトフック・デイトン／カンフー

1979.6.16　パキスタン・ラホール市カダフィ・ホッケー競技場

A猪木（5R判定引き分け）ジュベール・ペールワン／インドレスリング

1979.10.5　韓国ソウル奨忠体育館

A猪木（15分6秒 弓矢固め）ウイリエム・ルスカ／柔道

1979.12.13　京都府立体育館

A猪木（3R0分58秒 KO）キム・クロケイド／空手

1980.2.27　東京・蔵前国技館

A猪木（4R1分24秒 両者ドクターストップ）ウイリー・ウイリアムス／極真空手

©Essei Hara

第4章 猪木、ライバルを語る

モハメド・アリ

『世界一の拳が額を掠めただけで瘤ができた』

闘いにおける動物的勘も含めて、アリは格闘家として文句なく超一流だった。いまにして思えば、試合そのもののスケールもそうだし、モハメド・アリという名前が発する威厳やそのプレッシャーだとか、なにもかもがモノ凄かった。

パンチは1発だけ額のあたりを掠めたんだけど、そのときは全然痛くなかったのに翌日になると瘤になっていた。俺たちは普段からヘッドバットとかで頭を鍛えているから滅多なことじゃ瘤なんかできない。アリのパンチはそれだけキレも威力もあったということだ。それに、普通ならヘビー級のボクシングで使用するのは10オンスのグローブなんだが、あのときアリが着けていたのは4オンス。しかも拳に巻いたバンテージはシリコンでガチガチに固めてあったという話も聞いている。

まさにあのパンチは凶器。それだけ、実はアリも必死だったんだ。

○ モハメド・アリ（1942-2016）

191センチ、102キロ。アメリカ・ケンタッキー州出身。本名カシアス・マーセラス・クレイ・ジュニア。戦績61戦56勝37KO5敗（通算3度王座獲得、19回防衛）。ヘビー級ボクシングに「蝶のように舞い、蜂のように刺す」と形容されたスピード&テクニックを持ち込んだ史上最も偉大なチャンピオンと称されている。60年9月、ローマ・オリンピックで金メダル（ボクシング・ライトヘビー級）獲得。同年10月、タニー・ハンセーカー戦でプロデビュー（6回判定勝ち）。64年2月、〝史上最強のハードパンチャー〟ソニー・リストンにTKO勝利を収め、世界ヘビー級王座奪取。9度の王座防衛に成功するもベトナム戦争への徴兵を拒否したため王座とボクサーライセンスを剥奪された。70年10月、世界ヘビー級1位のジェリー・クォーリーに3回TKO勝ち。3年7カ月のブランクから再起を果たした。71年3月、チャンピオンのジョー・フレージャーと対戦。判定でプロキャリア初黒星。73年3月にもケン・ノートンに判定負け。74年、40戦無敗の王者ジョージ・フォアマンに挑戦。圧倒的不利の予想を覆して王座へ返り咲いた一戦は〝キンシャサの奇跡〟と呼ばれた（8回KO勝ち）。76年6月、アントニオ猪木と『格闘技世界一決定戦』（15回引き分け）。78年2月、格下と見られていたレオン・スピンクスに敗れたが再戦に勝利、三度、世界の頂点にカムバック。ラストマッチは81年12月のトレバー・バービック戦（判定負け）。39歳で引退後にパーキンソン病を発症。長い闘病生活の末、2016年6月、敗血症ショックにより74歳で死去。

猪木・アリ戦とは何だったのか

猪木とアリの絶体絶命からの逆襲

１９７６年（昭和51）６月26日、日本武道館で世紀のスーパーファイトが行われた時、アリは34歳、猪木は33歳――同時代を生きた同世代の両雄は、その人生の軌跡も奇妙に似通っていた。アリの対戦相手を取材したスティーブン・ブラント著『対角線上のモハメド・アリ』（三室毅彦訳／ＭＣプレス）に次のような一文がある（註／日本版のみ三室毅彦により加筆）。

《１９６０年、17歳になったばかりの猪木青年は、戦後の日本の国民的英雄となっていたプロレスラー・力道山にスカウトされ、ブラジルから帰国して日本プロレスに入門する。同年９月30日、猪木と同じ日にデビューを飾ったのは、のちに彼の人生に大きな影響を与えたジャイアント馬場というレスラーだった。馬場は、日本で最も人気のあるプロ野球チーム、讀売ジャイアンツの元ピッチャーであり、すでに全国区の知名度を持っていた。そして、それからほぼ1カ月後の10月29日、アメリカではカシアス・クレイがタニー・ハンセーカーを６Ｒ判定で破り、プロボクサーとしてデビューを飾った。猪木より１つ年上のアリだが、プロにデビューしたのは同じ年だった。アリが一気に世界の頂点に駆け上がったのは、１９６４年２月のことである。一方の猪木は、2年後の1966年にアメリカ遠征から帰国すると、先輩レスラーの豊登と共に日本プロレスを脱退して東京プロレスを設立する。そのわずか1年後に日本プロレスに復帰した猪木は、ジャイアント馬場とのタッグが人気を呼んで〝BIコンビ〟と呼ばれた。だが、猪木が「(アメリカでの)修行が終わって帰ってきて、日本プロレスから独立して、復帰して、その後いろいろあって……」と振り返っているように、組織内にクーデターが起きた、1971年の暮れ、その首謀者に祭り上げられた彼は日本プロレスを追放されることになる。「新日本というものを興した時は、結局そういうゴタゴタで、かつてあったプロレスの地位がどんどん下がってきた時代だった」と言う猪木が、自らをエースに擁する新日本プロレスを設立するのは、翌1972年正月のことである。一方のアリも1960年代末から1970年代初頭は、激動と苦難の時代だった。1967年3月のゾラ・フォーリー戦で世界タイトルを9度連続で防衛したのを最後にアリは、ベトナム戦争での徴兵忌避で王座を剥奪されてしまう。最高裁で無罪判決を受け、1974年10月にフォアマンを〝キンシャサの奇跡〟で破って世界王座に復権するまでに、実に約7年半を要することになる。猪木がアリの発言に触発されるのは、その年が明けてすぐのことである。》(原文ママ)

64年(昭和39)、ライバル・ジャイアント馬場との出世競争に大きく遅れをとっていた猪木は希望に胸を膨らませてアメリカへ渡った。奇しくもそれはアリが22歳の若さで世界の頂点に立ち、無敵のチャンピオンとして伝説をスタートさせたのと同じ頃だった。ジャンルこそ違えど、同世代の新王者の活躍は21歳の猪木を大いに勇気づけたに違いなかった。

しかし、猪木を待ち受けていたのは屈辱と焦りだった。本場のマット界は見かけ倒しのショーマンがはびこり、日本人に与えられる役割は卑怯で狡賢いヒールばかり。しかも、日本では師匠・力道山が英雄視されていたように決してプロレスの社会的地位は低くなかったが、アメリカにおけるプロレスは底辺層の娯楽として蔑まれていた。実際、大半の観客が求めているのはレスリングの試合ではなく低俗で刺激的な見世物だった。それでも、あくまで猪木はレスリングにこだわり続けたのであるが、結局、昔気質のシュート・レスラーたちからは評価されたものの、ジャイアント馬場のようにアメリカ全土でマネーの稼げるスターにはなれなかった。猪木はこの時期、カリフォルニアのプロモーターに誘われてプロボクサーへの転向を考えたこともあったという。最終的にその話は立ち消えになったそうだが、一時的にせよ心を動かされたのには本場のプロレス界に対する失望、ライバルの馬場、そしてアリという成功者たちに対する激しい嫉妬のなせる業だったのではなかろうか。だとすれば、本書第3章年表(75年2月参照)記載の〝アリの発言〟つまり「100万ドルの賞金を用意する。東洋人で俺に挑戦する者はいないか?」というあきらかにマスコミ向けのリップサービスをあえて正面から受け止め、いち早く行動を起こした理由も腑に落ちる。猪木はそのおよそ10年前から、心の奥底でアリとの対戦を夢見ていたのである。

アントニオ猪木

かく語りき 9

アリと闘うことの意義

ベトナム戦争への徴兵拒否によって王座とボクサーライセンスを剥奪されたアリは70年10月、世界ヘビー級1位のジェリー・クォーリーに3回TKO勝ち。3年7カ月のブランクを克服して現役復帰を果たした。アリは、その後、ジョー・フレージャー、ケン・ノートンに敗れて再び引退の危機に直面したが、74年10月、ザイール共和国（コンゴ民主共和国）の首都キンシャサで40戦無敗の王者ジョージ・フォアマンと対戦。圧倒的不利の予想を覆して実に7年半ぶりに王座へ返り咲いた（8回KO勝ち）。〝キンシャサの奇跡〟と呼ばれるこの歴史的番狂わせが、モハメド・アリをボクシング界のスーパースターからジャンルを超越した国民的ヒーローにまで押し上げた。当初、アリは若者たちの間で巻き起こった反戦運動＝反権力の旗手ともいうべき存在であったが、ベトナム戦争が泥沼化し、ついにはアメリカの敗北に終わったことにより評価が反転。自由と平和を愛するアメリカ理想主義の象徴と化したのだった。したがって猪木が挑戦状を送った時、アリはアメリカのプロスポーツ界で最高権威とされたボクシング世界王者をも超える唯一絶対の存在であり——だからこそ、猪木はアリと闘いたかったのだ。正々堂々、あらゆるジャンルを超越したアリと闘ってみせることでプロレスの地位を高め、世界に認めさせたかったのである。

真剣勝負だからこその変則ルール

エキシビションマッチのつもりで来日したアリ陣営は、よもや猪木が本気でリアルファイトを望んでいるとは夢にも思わなかった。プロボクシングのヘビー級チャンピオンがプロレスのリングに上がるだけでも異例であり、ましてアリはアメリカの英雄。アリ陣営としてはそれだけでプロモーターでもある猪木は十分満足だろうし、派手なパフォーマンスを演じてみせればお互いのビジネスにプラスになるだろうと考えていた。念の為にアメリカマットの重鎮たちの意見も聞き、リハーサルも兼ねてプロレスラーとエキシビションマッチも行ってきた。元々プロレス好きのアリは猪木とのプロレスをエンジョイするつもりだった。ところが、プロレスラーの猪木がプロレスを拒絶。気楽なアルバイト感覚だったアリ陣営は慌てふためいた。

連日の交渉の末、当初〝オープンルール〟と発表されていたルールはアリ陣営の言いなりに変更された。「寝技5秒以内」「逆関節技の禁止」「投げの禁止」「スタンディングでの上半身への蹴り、肘打ち、素手によるパンチの禁止」等々の禁止事項の詳細については諸説ある。一説によれば試合当日まで変更が多すぎてアリも猪木もレフェリーまでもが把握しきれていなかったともいわれている。いずれにせよ、それがアリの名誉を守るために考案されたボクシング有利の内容であったのは間違いなく、ルール問題で紛糾していた事実があったことは当時の新聞記事やテレビで生中継された調印式の模様を収めたVTRを見る限り明らかである。

ただ、見方を変えれば、どちらが強いかはっきりさせようなどという闘いのロマンは相手をまず同格と認めないことには浮かばない発想だ。この場合、もし、よしやろう、となったとしても、その時は当然のようにボクシング側はボクシングルールを要求する。それは格上の者からすればきわめて常識的発想で、アリにはアンフェアで理不尽な変則ルールを押し付けているという意識はそれほどなかったのではなかろうか(アリに怪我をされては困る取り巻きたちは、当然、アリに擦り傷ひとつ負わせないよう意図的に禁止事項を増やしたに違いないが)。自他ともに認めるスーパーアスリートのアリにとって、ボクシングルールは曲げられないプライドそのもの。そもそも、エキシビションはともかく、異なる格闘競技者が観客を前にして真剣勝負で闘うという概念が存在しなかった時代、幅広い技術体系を持つプロレスと、パンチの攻防に特化された競技ゆえスポーツとしてステイタスを得たボクシングの勝負は、現実に競技として行う場合、もっとも取り合わせが難しい水と油の関係にあった。

しかし、圧倒的ボクサー有利のルールに守られながら、アリは距離を詰めて有効打を繰り出すことはできなかった。猪木がルールの間隙をついたスライディングキック(後にアリキックと命名される)で間合いを詰めさせなかったからだ。唯一、6ラウンド、膠着状態に焦れたアリが猪木の足を掴み、その一瞬を逃さなかった猪木がカニ挟みでアリを倒して上になり、右肘を顔面に落とした展開があったがルール通りブレイクが命じられた。以降、アリも冷静さを取り戻して距離を取り続け、結果は15回判定引き分けとなった。

会場の観客の大半はルールを理解しておらず、テレビ局側も視聴率低下を恐れて事前のルール説明を曖昧にしたまま中継が行われたため、試合後の観客及びテレビ観戦した視聴者は肩透かしを食らった気分になった。世界中の新聞も「茶番劇」「世紀の大凡戦」「筋書き通り」「観客しらけた」とバッシングの嵐——当時、初めて異種格闘技のリアルファイトを目の当たりにしたマスコミは真剣勝負ゆえの膠着状態の意味をまったく理解できなかったのだ。とどのつまり、普段プロレスを色眼鏡で見ていた世間が猪木・アリ戦に期待していた試合展開とは、彼らが陳腐だと馬鹿にしている劇的な〝プロレス〟だったのである。

半世紀の時を経て定まった猪木・アリ戦の評価

試合の評価に変化が生じたのは、アリが入院するほどのダメージを受けていたことが明らかになってからだ。再び『対角線上のモハメド・アリ』を引用する。

《ボクシング界の大物プロデューサー、ボブ・アラムは、トーマス・ハウザーの『モハメド・アリ—その生と時代』(東京書籍)のインタビューの中で、アリ陣営は猪木の奇襲攻撃というパールハーバーの二番煎じのような試合の筋書きを用意したと語っている。だが来日後には、リアルファイトということになってしまったと嘆いたのだった。肝心なのは、猪木がアリとの遭遇後にどんな状況に置かれたかということだ。この試合で巨額の借金を抱えた新日本プロレスは経営危機に陥り、猪木は社長職を退いた。猪木は言う。「試合が終わってみて、空しさというか。嵐が去っていった後、そこには予想外にズタズタになったものしか残ってないわけでしょ。自分も傷ついてるしね。借金は残るし。評価は最悪だったしね」。借金を背負い、〝世紀の凡戦〟の首謀者としての汚名を着せられたアントニオ猪木だが、さらに当事者であるアリの発言に追い討ちをかけられたという。「アリが喋ることは、全部世界に届くわけじゃないですか。その試合が真剣であったことを隠さなきゃいけない彼は『これはお遊びだった』っていう言葉を使うことになったわけでね。彼にとってはお遊びだったと。ただ、俺に言わせりゃ『お遊びでお前、1カ月も入院するのかい』ってね…」。事実、試合直後のアリはアメリカの新聞に「彼があんな風に戦うことが分かっていたら、この試合はやらなかった」とも語っている。——中略——アリの言う〝お遊び〟である猪木戦後、アリ自身は何を得たのだろう。当時、アリの主治医だったフェルディ・パチェコが、ハウザーの同じインタビューに証言している。猪木との戦いによってアリは、左脚の血管破裂により1リットルほども血がたまってしまった。その後に予定されていた韓国とマニラ行きも決行した結果、アメリカに戻ってからのアリは、凝血と筋肉損傷のために入院を余儀なくされたという。彼が入院したサンタモニカの医師は、手術の可

能性までほのめかしたと。猪木は莫大な借金と世間の嘲笑を背負い、アリはボクサー生命の危機を背負ったのである。》

1990年代に入って登場した総合格闘技が認知されるに従って、日本において猪木・アリ戦は徐々に見直され再評価の機運が高まっていった。その過程で猪木が一連の異種格闘技戦で見せていた格闘技術の再発見も進んだのであるが、それもプロレスファン側の偏った見方にすぎないとされていた。ボクシングファンの大半は猪木・アリ戦をアリの言う「お遊び」だとして頑なに認めなかったのだ。ところが、2014年4月、モハメド・アリがツイッターに猪木・アリ戦の画像をアップ。総合格闘技の最高峰UFCの代表ダナ・ホワイトに「君はどう思う？　モハメド・アリが元祖MMAファイターじゃないか？」とコメントし、ホワイトが「あなたこそが、マーシャルアーツの元祖です」と返信したことによって状況は一変。世界の格闘技界のエポックメイキングな出来事として再認識されるようになったのだった。さらには、かつて猪木・アリ戦を「茶番」と報道したNHKも、2023年7月7日放送『アナザーストーリーズ　アントニオ猪木vs.モハメド・アリ〝世紀の一戦〟の真実』というドキュメンタリー番組でついにその評価を覆した。約半世紀の時を経て、ようやく、猪木・アリ戦に対する世間の見方が定まったのである。

アントニオ猪木

かく語りき 9

息詰まる間合いの探り合い。猪木はリーチの長さ(196cm)と懐の深さを最大限に活かした構え。リーチに勝るアリ(202.4cm)も迂闊には入っていけない。

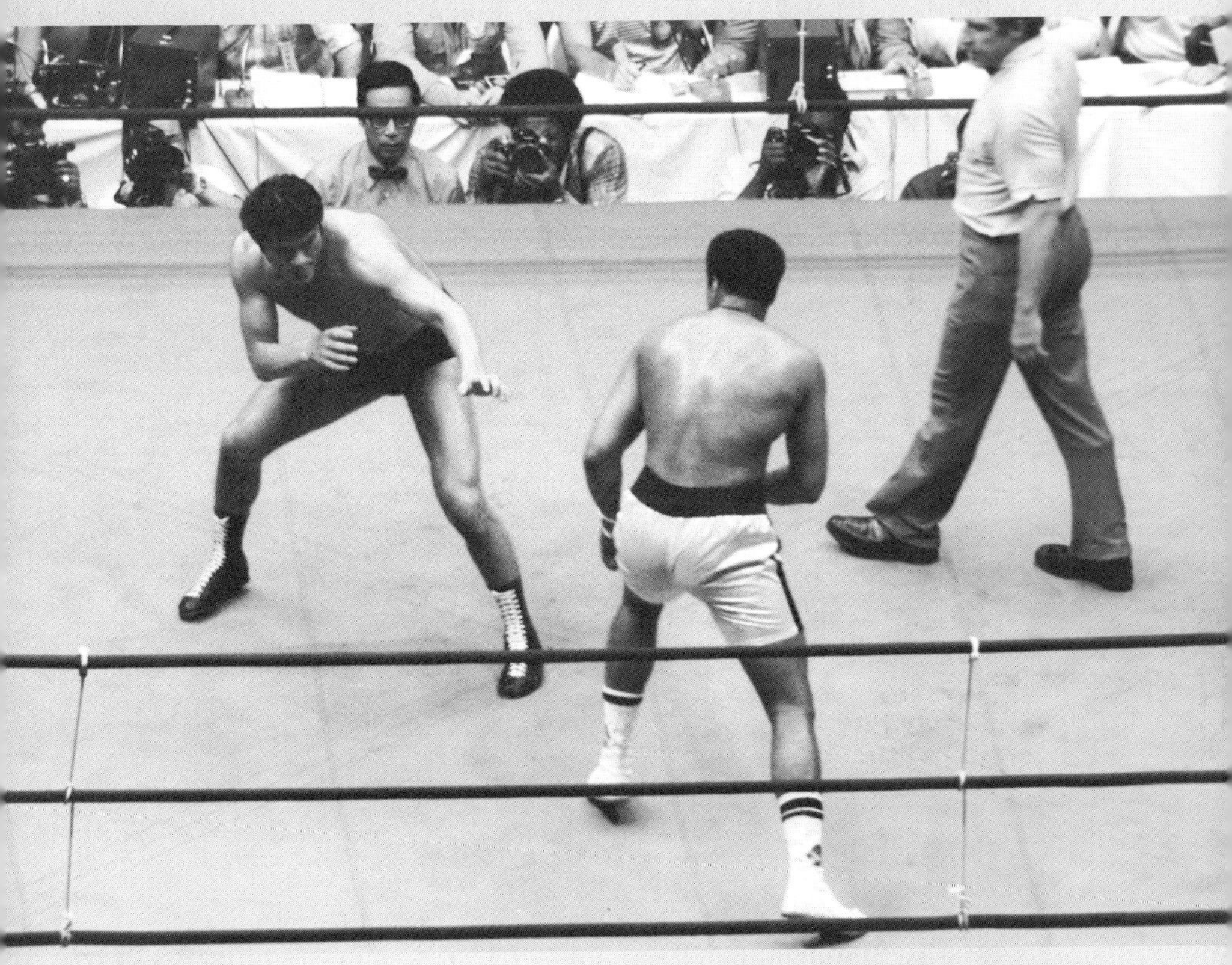

©Essei Hara

[猪木・アリ戦当時の体格データ(試合パンフレットより)]

■**アントニオ猪木**／年齢33歳、体重108キロ、身長191センチ、リーチ196センチ、 普通時の胸囲123センチ、息を吸い込んだときの胸囲128センチ、二頭筋周り40センチ、前腕周り34センチ、腰周り90センチ、腿周り70センチ、ふくらはぎ周り41センチ、手首周り21センチ、拳周り33.5センチ、足首周り23センチ、首周り50センチ。

■**モハメド・アリ**／年齢34歳、体重225ポンド、身長193センチ、リーチ202.4センチ、普通時の胸囲110センチ、息を吸い込んだときの胸囲115センチ、二頭筋周り37.5センチ、前腕周り33.8センチ、腰周り86.3センチ、腿周り65センチ、ふくらはぎ周り42.5センチ、手首周り20センチ、拳周り33センチ、足首周り23.8センチ、首周り43.8センチ。

アントニオ猪木

かく語りき 10

「柔道の天才が大成しなかった理由」

ウイリエム・ルスカ

投げ技、絞め技のどれひとつをとっても文句なしに強くて、まさに柔道の天才だった。最初に闘ったときは俺がいくら投げを防ごうと腰を落としても引きつけが強くて、あれだけ見事に投げられるとかえって気持ちがよかったよ。

ただ、残念ながらルスカが凄かったのは初めの1回きり。

プロ転向後、はっきり言って俺以外の選手との試合はどれもひどいものだった。彼の強さを受けきれる選手がいなかったということにも原因はあったが、見方を変えれば、ルスカほどの超一流の格闘家が真面目に取り組んでもこなせないほど、それだけプロレスは難しいという証明だったように思う。

○ウイリエム・ルスカ（1940-2015）

196センチ、110キロ。オランダ・アムステルダム出身。1967年、1971年の柔道世界選手権重量級2連覇。1972年、ミュンヘンオリンピックで無差別級、重量級で金メダル獲得。オリンピック同一大会で2階級を制覇したのはルスカただ1人である。1976年2月、アントニオ猪木と日本武道館で『格闘技世界一決定戦』。「力道山 vs. 木村政彦」以来の「プロレス vs. 柔道」という闘いの構図が注目を集めた。試合はルスカの持ち味である強烈な投げ、絞め技、関節技を猪木が受けきり、喧嘩ファイトからのバックドロップ3連発で勝利するというダイナミックな展開（20分35秒、猪木のTKO勝ち）。この一戦は異種格闘技戦史上屈指の名勝負としていまなお語り継がれている。その後、ルスカはプロレスへ転向。しかし、猪木が超一流と認めた素質が開花することはなかった。

『猪木も認めた最強の男 〜柔道王ルスカの悲劇』

柔道家として金メダルという最高の栄誉を手にしながら、現役王者のままプロレス界への転身を余儀なくされた〝オランダの赤鬼〟ウイリエム・ルスカ。〝赤鬼〟の異名通り、ルスカは人間離れした圧倒的強さの持ち主であった。だが、我々はその名を勝者ではなく敗者として記憶している。柔道家としてはアントン・ヘーシンクの後塵を拝し、プロレスラーとしてはつねにアントニオ猪木に敗れつづけた男。2015年2月14日――殉教者バレンタインの祝日、14年にわたる闘病生活の末、ルスカはひっそりとこの世を去った。74歳だった。

不遇の柔道人生

1940年、オランダ・アムステルダム生まれ。柔道と出会ったのは20歳の海軍水兵時代である。190センチ110キロの強靭な肉体。真正面から一本勝ちを取りにいくアグレッシブな柔道でめきめき頭角を現し、3年後にはドイツ国際柔道大会優勝。以降、ヨーロッパ選手権で5回、世界選手権でも2回の優勝。そして、1972年のミュンヘンオリンピックでは〝重量級〟〝無差別級〟の2階級を制覇。柔道競技における金メダル2個獲得は史上初の快挙だった。ところがオランダには、柔道が初めて競技として採用された東京五輪（1964）で〝本家〟日本の前に立ちはだかり、無差別級決勝で神永昭夫に一本勝ちしたアントン・ヘーシンクという国民的英雄が存在した。母国の柔道界はそのヘーシンクを中心に回っており、ルスカは反主流派の立場にあった。したがって、どれだけ努力して実績を上げたところで、それが報われることはまずあり得なかった。

ヘーシンクの6歳下で柔道の稽古を始めたのも20歳と遅かった。せめて、あと5年早く柔道と出会っていれば、あるいは東京五輪金メダルの栄光と英雄の座はルスカが手にしていた可能性もあった。実際、「東京とミュンヘンでは柔道のレベルも違う。実力はヘーシンクよりルスカの方が上」と語る柔道関係者は少なくない。しかし、ヘーシンクの人気は強さだけで推しはかれるものではなかった。柔道を国際化させたパイオニア。オランダのみならず、欧州におけるヘーシンクのイメージは絶対的だったのである。もし、ルスカが体力的にピークにあった28歳のとき、メキシコ五輪（1968）に出場し、そこで2階級制覇を成し遂げていれば状況も変わったかもしれない。だが、残念ながら柔道は公式競技に採用されなかった。ここでもルスカは時を味方につけることができなかったのだった。

仕掛けたのはルスカ

1976年（昭和51）2月6日、東京・日本武道館。そこに見慣れた青畳はなかった。あるのは八角の天井から吊るされた眩しいライトに照らされた四角いリング。3階まである客席は超満員で立錐の余地もなかった。初めて見る華やかなプロの世界。柔道着姿で入場を終えたルスカの前に現れたのは、ロングガウンを身にまとったアントニオ猪木。これから始まろうとしているのはプロレスと柔道の現役世界王者同士が激突する『格闘技世界一決定戦』——実は、大一番を仕掛けたのはルスカの側だった。

この年の夏に開催されるモントリオール五輪でも、ルスカはメダルを確実視されていた。だが、あっさりとプロ転向の道を選んだ。「金メダルは何もしてくれなかった」。いつか、ルスカが吐き捨てるように語った言葉だ。プロを目指したのは金が必要だったため。難病に苦しむ妻に十分な医療を受けさせるには莫大な治療費を稼がなければならなかった。柔道のステイタスの高い日本でなら、大金が掴めるはずだった。事実、ライバルのヘーシンクも引退後に手がけた事業の失敗でこしらえた借金返済の窮余の一策として、ジャイアント馬場率いる全日本プロレスに身売り同然の形で入団していた(73年/昭和48)。奴にやれるなら、俺ならもっとうまくやれる。ルスカはそう考えたに違いなかった。いずれにせよ、柔道家が金を稼ぐにはプロレスの他に選択肢はなかったのである。

ちょうど、プロボクシング世界ヘビー級王者モハメド・アリとのスーパーファイト実現まであと一歩のところまで漕ぎ着けていた猪木も、即、ルスカの申し出に反応した。柔道五輪金メダリストという超大物の予期せぬ襲来は、アリ戦実現の機運を高めるうえでも強力なカンフルになると直感したのだ。早速、猪木はプロレスとボクシングと柔道の三つ巴の構図が出来上がったのを機に、一連の〝他流試合〟（当時は〝異種格闘技戦〟という言葉も存在しない）を『格闘技世界一決定戦』と命名。はたして、その大胆にして秀逸なキャッチコピーは功を奏し、俄然、巷間では格闘技最強論争が盛り上がりをみせた。一番強いのはプロレスか？　柔道か？　ボクシングか？　一柔道家のプロ転向を巧みな演出で社会的関心事にまで拡大させた猪木のプロモーターとしての手腕はさすがが。まだプロ経験のないルスカにとっても、柔道スタイルのままで試合がやれるのは渡りに船だった。

死闘の構図

ゴングが鳴った。ルスカが攻め、猪木が守る展開となった。プロレスは互いの持ち味のバランスを考えながら、結果から逆算して技やスタミナを配分し試合を組み立てる。ルスカの良さは圧倒的な攻撃力。したがって猪木は全身全霊で技を受けつづけた。強力な投げ技の威力も、リングがある程度まで吸収してくれるという計算があった。ただ、絞め技や関節技は一歩間違えれば失神や骨折のアクシデントに繋がりかねない。実際、腕絡み、道着を使った絞め、腕ひしぎ十字固め——次から次に繰り出されたルスカの寝技は、どれをとっても一瞬たりとも気の抜けない危険な技ばかりだった。19分過ぎ。ルスカの技が出尽くし、スタミナが切れ始めたのを見て猪木は仕上げに入った。張り手、エルボー、キックの乱れ打ちからバックに回る。そしてルスカの巨体を

アントニオ猪木

かく語りき 10

抱え上げ、ブリッジを効かせて後方へ。〝へそで投げる〟バックドロップ。視界の中で客席が反転。ルスカは体重を無くしたように弧を描いて頭からマットに落下した。どよめきと大歓声。手応えは十分すぎるほどあった。これで終わったと猪木は思った。が、ルスカの目はまだ死んでいなかった。気づけば、猪木は危険なバックドロップを3連続で決めていた。リングにタオルが投げ込まれた。レフェリーに右手を掲げられたその時、猪木の顔面は蒼白になっていた。

＊

同じ日本武道館という会場でヘーシンクは日本柔道に勝ち、12年後、ルスカは猪木に凄絶なＫＯ負けを喫したことで我々の記憶に深く刻みこまれた。どこまでも両者の運命は真逆だった。そして、いまや伝説となったこの一戦を皮切りに、ルスカは１９９４年（平成６）までに猪木とリングで9度対戦。通算戦績は7敗2引き分け。生涯、猪木には勝てなかった。

ルスカについて猪木はこうも語っていた。

「最初の闘いの感動がいつまでも体に残ってましたね。おそらくルスカも同じだったんじゃないかな。もし、いまみたいな格闘技の時代がもっと早く来てたら、間違いなくルスカは成功してたでしょう。あれほどの天才格闘家が恵まれないというのは残念だし、非常に気の毒でしたね……」

「ザ・モンスターマン "熊殺し"ウイリーを超えた蹴り」

蹴りのスピード、巧さ、華麗さといったらもうモンスターマンは最高の選手だった。それまで空手の蹴りといえば1発1発が単調なものだと思っていた。ところが、モンスターマンのそれは3連発が一呼吸のうちに速射砲のように飛んで来た。まるで腕のように自由自在に蹴りを出せるのには驚いたよ。

当時、プロ空手はマーシャルアーツと呼ばれていたんだけど、まさに彼の蹴り技はその名の通り芸術だった。テクニックに関してはウイリーを遥かに上回っていたのは間違いない。しかし、打撃系格闘技はプロレスよりもウエートがものをいうから、体がひと回り大きなウイリーより強かったかどうかはわからないな。

ザ・モンスターマン（1946－）

183センチ、104キロ。アメリカ・ペンシルベニア州出身。本名エヴェレット・エディ。元WPKO 認定ヘビー級王者。63年からカンフーを始め、69年以降はタンスドー（テコンドー系の格闘技）を修練。全米各地で開催された空手トーナメントで優勝を重ねた。74年、ジェフ・スミスを破り全米トップ空手家として認められると、75年、〝モンスターマン〟のリングネームでプロ空手転向。ボクサーとも異種格闘技戦を行った。77年8月、日本武道館でアントニオ猪木と『格闘技世界一決定戦』（5回1分38秒、猪木の KO 勝ち）。スリリングな試合展開は異種格闘技戦史上最高と絶賛された。78年4月、フィラデルフィアで開催された『格闘技オリンピック』と銘打たれた大会で坂口征二に KO 勝ち（4回0分35秒）。同年6月、雪辱を期し、福岡スポーツセンターで再び猪木と対戦したがグラウンドコブラでギブアップ負け（7回1分58秒）。82年、引退。現在、ペンシルベニア州エリー在住。

アントニオ猪木

かく語りき 11

猪木が涙した異種格闘技戦史上最高の闘い

アリ戦を世紀の凡戦と酷評され、そのうえ莫大な借金を背負った猪木は、名誉を回復すべく再戦実現へ乗り出した。それに対し、アリ陣営は指名した2人の格闘家を倒すことを条件に受諾の構えを見せ、そのうちの1人がアリの用心棒を務めるモンスターマンだった——後年、この話はアリ戦の損失の穴埋めとして継続が決定した『格闘技世界一決定戦』のプロモーションのために作られたストーリーだったことが判明している。いま振り返れば〝アリが送り込んできた刺客〟という設定や〝喧嘩ならアリより強い〟といったキャッチフレーズはいささか劇画チックだが、実際にモンスターマンが公開練習で披露した鋼のような肉体と打撃技にはそれを信じさせるだけの説得力があった。一方の猪木は試合の1週間前から4日間雲隠れ。新聞紙面に「猪木蒸発」の見出しが躍った。

1977年(昭和52)8月2日、日本武道館。

試合前、猪木は悲壮感いっぱいにこう語っていた。

「自信? わからない。今度ばかりはやってみなければね。はっきりしてるのは、この試合に負けたら俺のすべてが終わるということだ。アリ戦もなくなる。テレビ局への面子も立たない。プロレス界やファンに対する責任もある。本当にこの試合に負けたら新日本プロレスは潰れるかもしれない」

張り詰めた空気の中、ゴングが鳴った。〝100キロの人間が空を飛ぶ〟と形容されたモンスターマンのジャンピングハイキック、ブルース・リーを彷彿とさせる華麗なヒールキック、中段から上段へジャブのように連続で繰り出されるキックが猪木のボディ、顔面に突き刺さった。

この一戦の最大のポイントは猪木の打たれ強さにあった。猪木が受けたパンチは25発、キック（ヒザ蹴り含む）は34発。しかし、そのうち後頭部を含め頭部に受けたパンチはわずか2発。ボディならいくら打たれても大丈夫だという自信が、顔面パンチに対する鉄壁の防御を可能にしたのだった（註／モンスターマンの動きがあまりにも軽やかだったため、パンチやキックの威力はそれほどではなかったと見る向きもあった。が、モンスターマンは後にフィラデルフィアで対戦したスーパーヘビー級の坂口征二をキックでKOしている）

試合は5ラウンド、パワーボムからのギロチンドロップで猪木のKO勝ち（5回1分38秒）。猪木とモンスターマンの手に汗握るスリリングな攻防はアリ戦の不評を一気に吹き飛ばし、あらためて異種格闘技戦の醍醐味を満天下にアピールした。試合後、人目も憚らず猪木は泣いた。その涙は、本来、アリ戦で見せたかった闘いをようやく披露できた満足感から溢れ出たものだった。

©Essei Hara

©Essei Hara

©Essei Hara

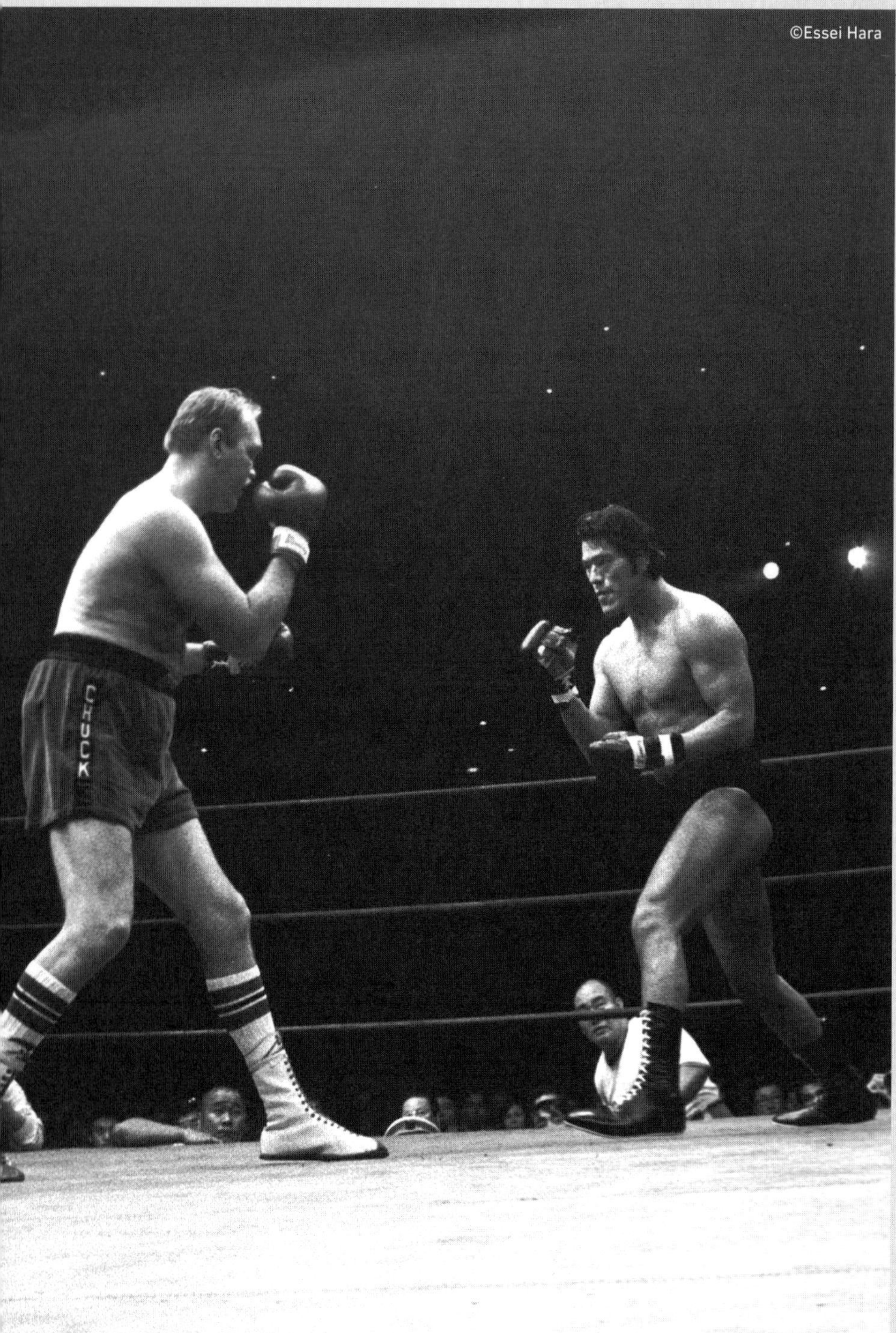
©Essei Hara
CHUCK

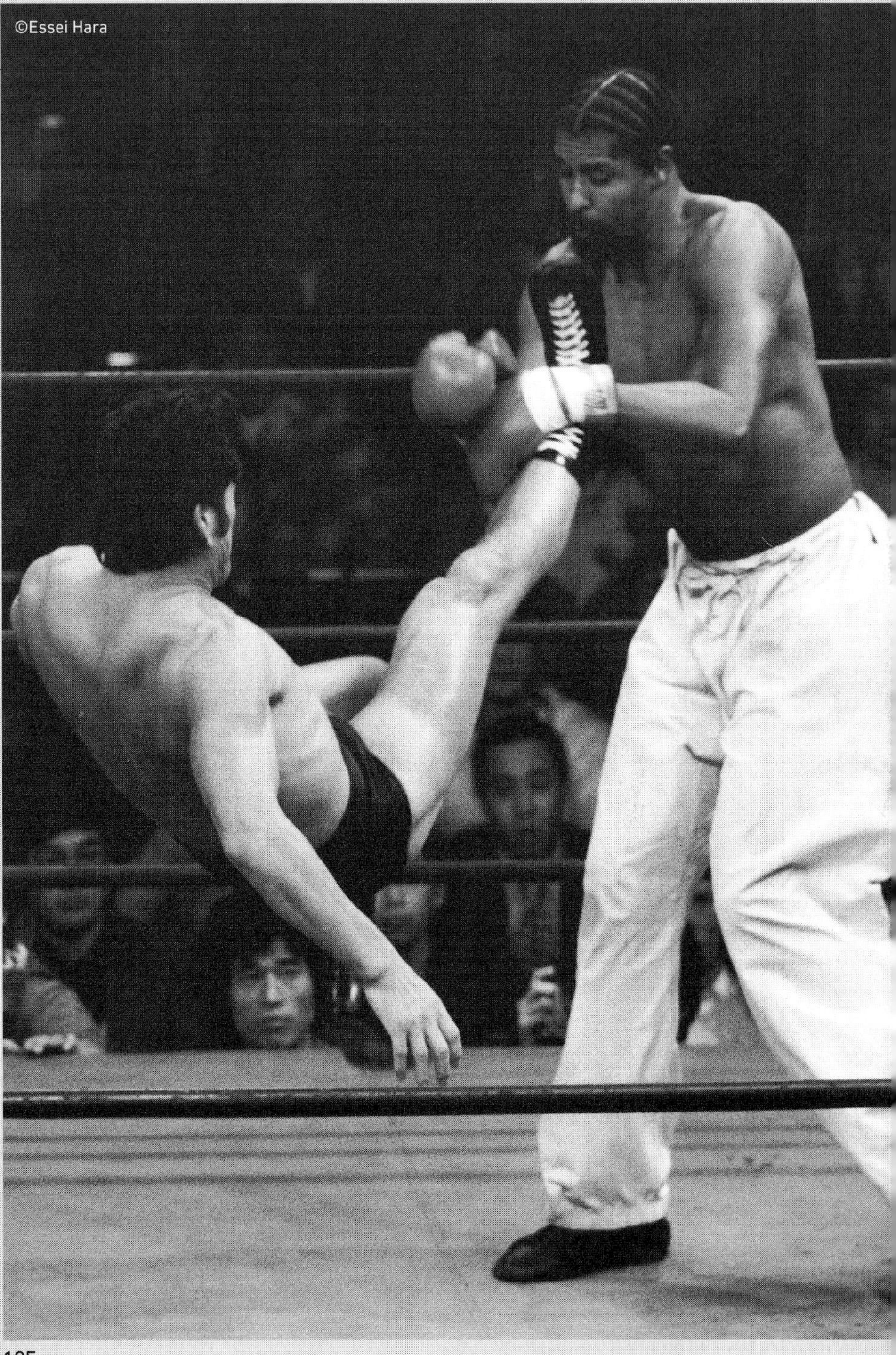
©Essei Hara

アントニオ猪木

かく語りき 12

「チャックウェップナー アルティメット大会に出したかった男」

ひと言でいえば喧嘩屋だった。

あいつのラビットパンチには本当に苦しめられた。とにかくクリンチしても頭をガンガン殴ってくるし、ボクサーが馬乗りになってパンチを打ってくるんだから呆れたよ。頭が瘤だらけになって1週間くらいは後遺症が残った。

いま考えれば、あいつのファイトスタイルはまさにアルティメット向きだった。目のいいボクサーが金網を背にして相手を引きつけて打てば絶対に強い。とくにラビットパンチは普通のパンチより間合いが近い。かなり効果的だったと思うな。

チャック・ウェップナー (1939-)

195センチ、102キロ。アメリカ・ニュージャージー州出身。元プロボクシング世界ヘビー級10位。通算戦績52戦36勝（17KO）14敗2分。スラム街で生まれ育ち、傷害事件で鑑別所と刑務所に服役。その間にボクシングを習得した。64年、ジョージ・クーパー戦でプロデュー。タフネスさに定評があり、KO負けはアリ戦だけだった（他の負けは判定と出血多量によるドクターストップ）。1975年、36歳の時にモハメド・アリの世界ヘビー級王座に挑戦。無名のロートルボクサー相手の防衛戦は失笑を買い、観客の興味はアリが何ラウンドにKOするかだけだった。ところが、試合が始まるとアリが大苦戦。9ラウンドには右クロスカウンターでダウンを奪われるという波乱の展開となった。結果はアリのKO勝利（15回2分41秒）に終わったが、偉大なアリを相手に〝噛ませ犬〟が見せた一世一代のファイトに全世界が感動。この一戦に触発された当時無名のシルベスター・スタローンが3日で書き上げたシナリオが『ロッキー』だった。76年6月26日、日本武道館で猪木・アリ戦が行われた日、ウェップナーもニューヨーク・シェアスタジアムで大巨人アンドレ・ザ・ジャイアントと対戦。3回にリング下へ投げ落とされてリングアウト負けを喫したが、裁定に不服のウェップナーはゴリラ・モンスーンらを相手に試合後大乱闘を演じた。アントニオ猪木との『格闘技世界一決定戦』は77年10月25日、日本武道館で行われた（6回1分35秒、逆エビ固めで猪木の勝利）。

アントニオ猪木

かく語りき 12

完成に近づいたヘビー級ボクサー対策

猪木からの再戦の申し出に対し、受諾の条件としてアリ陣営が送り込んできたもう1人の刺客がチャック・ウェップナーだった（註／179ページ参照）。タフでセオリー無視の喧嘩屋ボクサーは、まさに異種格闘技戦向き。得意技はラビットパンチ（後頭部を打つ反則）、ローブロー（下腹部を打つ反則）、チョークホールド（頸動脈などを絞める反則）で、アリからダウンを奪ったのも相手の足を踏みつけてパンチを打つという喧嘩殺法だった。

猪木・ウェップナー戦は予想に反して乱打戦となった。この試合で猪木は佐山聡が考案した〝オープンフィンガーグローブ〟（指が動く特殊グローブ）を着用し、積極的にパンチにもトライ。5回に左フックをクリーンヒットさせた。しかし、それ以上にウェップナーからヘビー級の重いパンチを浴びせられ、グラウンドに持ち込んでも腕ひしぎ十字固めを外されるなど苦戦を強いられた。6回、不完全ではあったが猪木のラウンドハウスキック（飛び回し蹴り）が後頭部にヒット。一気にボストンクラブでギブアップを奪った。猪木はモンスターマン戦に続いてこの一戦でも鍛えたレスラーであれば〝顔面さえディフェンスすればヘビー級の打撃に対抗できる〟ことを証明してみせたのだった。

アクラム・ペールワン

『なぜ相手の腕を折らねばならなかったのか』

冷静に見ればそんなに怖い相手じゃなかった。だけど、まったく情報がなかったためにナーバスになっていた。敵地でなおかつそれまで見たこともない大観衆。しかも、直前になってノールールに変更されてね。

アクラムは体中にオイルを塗っていてこっちの握りが全然効かなかった。初めての経験だったので焦った。それでも何とか腕はとったんだけど、アクラムは筋肉と関節がぐにゃりと柔らかくて、いわゆるダブルジョイント（二重関節）で極まらなかったんだ。

正直言ってショックだった。何回腕をとっても逃げられて、最後のアームロックも完全に極まっていたのに面子があってアクラムがギブアップしなかった。これ以上試合を長引かせればこっちがやられるかもしれない、折るしかないと踏ん切りをつけるまでに時間がかかったんだよ。でも、やっぱりあれはやっちゃいけないことだったね。

極限状況下で行われた戦慄の闘い

〝ノールール〟の真相

アリ戦で世界的に有名になった猪木にパキスタンから挑戦状が届いた。名乗りを上げたのはアクラム・ペールワン。プロレス史に残るグレート・ガマの血筋を引くインドレスリング(クシティー=コシティ)の正統的継承者。パキスタン最強の国民的英雄であった。当初、この試合は通常のプロレスとして行われる予定だった。ところが直前になってアクラム側が頑なにリアルファイトによる勝負を主張。アリ戦の時と逆の立場に追い込まれた猪木がそれを受け入れたのだった。

7万人を超える大観衆が見守る中、試合は5分6回戦のラウンド制で始まった(1本勝負)。しかし、その時点で両者の間に共通のルール認識はなく、猪木は「関節を極めてギブアップさせるしかない」とそれだけを考えていた。

試合開始のゴングと同時にアクラムがタックル。猪木は腰を落として左腕をとりグラウンドのアームロック。そこからブリッジで体勢を入れ替え、チキンウイングアームロック、腕ひしぎ十字固めへと流れるように技を決めた。アクラムの左腕は伸びきって完全に極まっていた。通常であればそこでレフェリーストップが宣せられる秒殺試合だったが、アクラムは驚異的な関節の柔らかさでそれに耐え、強引に上体を起こして脱出した。

いきなり腕を極められたアクラムは一転して慎重になり、以降、試合は膠着状態に入った。2回、首をとろうとする猪木に対し、アクラムは右手を喉元に圧し当てて巧妙なチョーク攻撃。業を煮やした猪木もチョークで返し、タックルから内掛けで倒して強引にグラウンドへ。背後からの執拗なフェイスロックの前にアクラムは防戦一方となった。3回、実力差を見切った猪木はあっさりとグラウンドへ持ち込み、左腕をアームロック。さらにブリッジから身体を反転させて上に乗りチキンウイング・アームロック（ダブルリストロック）。アクラムがギブアップしないためレフェリーに「折るぞ！」とアピールしたがそれでも試合が終わらず、ついに左肩の関節を破壊したのだった。

MMA（総合格闘技）はシュートマッチに非ず

異種格闘技戦史上最悪の結果を招いた伝説のシュートマッチは、グレイシー柔術やその後のMMA（総合格闘技）のセオリーを理解したいまこそ振り返ってみたい一戦だ。上に乗ろうとするアクラムを下のポジションから巧みにコントロールし、瞬時に足で搦めとって体勢を崩してアームロック、フェイスロック、ボディシザースを自在に決めていく。その無駄のない理詰めの動きこそが、格闘家アントニオ猪木の真骨頂だった。そして、アクラムにかけたフェイスロックにはプロレスラーならではの裏技

アントニオ猪木

かく語りき 13

テクニックも隠されていた。猪木は噛みつきで技を脱しようとしたアクラムに対し、報復として顔面の急所を極めながら、指の関節を立てて目玉を抉ったのである。

かけ方次第では相手を再起不能にもするこのフェイスロックについて、猪木は次のように語っていた。

「総合(格闘技)の試合で、最近、スリーパー(首絞め)は決まらないでしょ? くるのがわかっていれば、首のディフェンスはそう難しくないんだよ。だから俺たちはフェイスロックの練習をしてたんだ。顎を引けば首はディフェンスできても顔面は空いてる。殴るまでもなく、ゴッチさんがよくやってたように急所に一撃を入れれば隙ができる。スリーパーはそこで入れれば決まるんだ。ただ、フェイスロックは格闘技のグローブを着けてると完璧に極められない。あのグローブはレスラーの本当の技術を見せるには邪魔なんだ」

緩い決めごとで自由に行われてきたからこそ、万が一の局面に備え、プロレスには極限の裏技も必要だった。が、あらゆる格闘技がそうであるように、競技が洗練されればされるほど、そのルールは危険から選手を遠ざける方向へ整備されてゆく。現在の常識に照らせば、プロレスのシュートテクニックは競技ルールとは相容れない。猪木がアクラムとの闘いを〝ノールール〟と言ったのはそのためである。

©Essei Hara

アントニオ猪木

かく語りき 14

ローラン・ボック

『理想は俺と同じだったが、人格的に欠けているものがあった』

俺とボックは「本物のストロングスタイルのプロレスを世界に広めよう」という、ある意味で同じ理想を持っていた。シュツットガルトでの試合には、実のところ「誰も見たことのない闘いをやろう」という2人の思いというか了解があった。あんな試合ができるレスラーは世界に何人もいなかったから、ボックの存在は本当に貴重だったんだ。

だが、なにしろ野心家のくせに見かけによらず気が小さくて、その反面、冷酷なところもあった。強いレスラーの実力は紙一重。本当のトップを取るには「こいつになら万が一負けても納得できる」というような、相手に人間性を認めさせるものがなければいけない。だけど、ボックにはそういった人格的に不可欠なところが欠けていた。そこが非常に残念だったね。

ローラン・ボック (1944-)

192センチ、120キロ。旧西ドイツ・バーデン=ヴュルテンベルク州ガイスリンゲン出身。14歳でアマチュアレスリングを始め、フリースタイルで頭角を現す。64年、東京オリンピック代表にエントリーされるも関節を痛めて欠場。68年、ドイツ選手権フリースタイル初優勝。グレコローマンでも3位入賞を果たし、同年開催のメキシコ五輪にグレコローマン・ヘビー級代表として出場した。73年、ヨーロッパ選手権優勝（70年）等の実績を引っ提げてプロ転向。74年8月、〝伝説のシューター〟として名高いジョージ・ゴーディエンコと対戦。シュートマッチの末に敗北を喫するもゴーディエンコの足首を破壊（骨折）。病院送りにしたことで一躍脚光を浴びた。さらにその2ヵ月後、世界的人気レスラーだったミル・マスカラスにシュートを仕掛けてフォール勝ち。このときから、自身の野心のためにはプロレスの暗黙の了解を無視し、平然と一線を超えてしまうボックはレスラー仲間から危険人物とみなされていた。〝地獄の墓掘り人〟とはのちに日本のマスコミが用意したキャッチフレーズであるが、まさにこれより的を射た表現はなかった。79年にはアンドレ・ザ・ジャイアントをジャーマン・スープレックスで投げたという伝説も作っている。しかし、ボックの名を世界に知らしめたのは『イノキ・ヨーロッパ・ツアー 1978』で猪木を破った一戦だった。その後、交通事故で重傷を負って再起不能説が流れるも、81年と82年に来日。当時中堅の木村健吾（健悟）、長州力をスープレックス1発でマットに沈め、その実力が健在であることをアピールした。それでも全盛時のコンディションには程遠く、82年1月に後楽園ホールで行われた猪木との3年越しの決着戦は消化不良な結果に終わった。（3回3分16秒、猪木の反則勝ち）。

『墓掘り人とキラー猪木が味わった地獄の蜜月』

殺人的スケジュールだった欧州遠征

1978年11月7日、『イノキ・ヨーロッパ・ツアー1978』が幕を開けた。猪木をヨーロッパに招いたプロモーターはローラン・ボック。その狙いはモハメド・アリ戦で世界的ビッグネームとなった猪木を興行の目玉にすることと、その猪木を地元ヨーロッパで倒すことによって、自分自身がローカル王者から脱皮することにあった。

猪木は現地入りして初めて、このツアーが23日間に5カ国（西ドイツ、スイス、オーストリア、オランダ、ベルギー）22都市を巡って21試合を行うという殺人的スケジュールであることを知る。事前の取り決めでは12試合。まるで話が違っていた。なおかつ、すべてがシングルマッチのメインイベント。案の定、無謀な日程はもろに試合内容や観客動員に影響を及ぼした。

「いいところは超満員。だめなところはまったくの不入り……。目論見が外れたみたいでしたね。要するに、それまで自分たちがやってきた興行に〝アントニオ猪木〟という名前をくっつけただけで商売をやろうとしたんですよ。何か新しいレスリングを見せようという理念もなしに、ただ数だけこなして、その分だけ客を入れようというまったく無策なやり方で。まあとんでもない町まで連れていかれては、地元の英雄

みたいな相手と毎日闘わされてましたね」（猪木談）
猪木は劣悪なリングコンディションにも苦しめられた。
「リングといっても板の上にシートを敷いただけ。実際、1発投げられたら腰が痺れて……。技を受けるなんてとんでもない、それどころか延髄斬りのあとの着地のときにもダメージがあって。肩も外したし、肘や膝も打撲でやられてひどい状態だった」
ちなみに、猪木はその真偽のほどについては明言を避けたが、このツアー中に行われたメインイベントのほとんどがシュートマッチかそれに限りなく近い内容だったことも暗に認めた。あわよくばビッグネームのイノキから1本を取って名を上げようと目の色を変えて立ち向かってくる相手に対し、負けない試合をするだけで精一杯という最悪の状況だったのだ。それは22戦14勝1敗（判定）7引き分けという猪木のツアー戦績にも現れていた。まさに、猪木にとってこの遠征は片時も気の抜けない地獄のロードだったのである。

残忍なカラテファイター〝キラー・イノキ〟？

ツアーの失敗にはボックの大きな見当違いも関係していた。ボックはプロモーターとしてツアーの主役である猪木を〝黄色く、残忍で、容赦ないカラテファイター〟〝キラー・イノキ〟としてセンセーショナルに宣伝した。つまり、この陳腐な宣伝文句に惹かれて集まった観客は、東洋の冷血な空手使いの殺し屋が対戦相手をなぶり殺しにするか重傷を負わせる〝残酷ショー〟を期待していた。ところが、蓋を開けてみれば猪木は純然たる正統派レスラー。通常のプロレス興行の何倍もの高額チケットを購入し、血の匂いや刺激を求めて集まった観客は見事に肩透かしを食らったのである。期待はずれの噂はすぐに広まり、チケットは大量に売れ残った。

無論、猪木には何の責任もない。が、プロモーターとして莫大な資金を注ぎ込んだボックとしては到底収まりがつかなかった。そして、そのフラストレーションのすべては当の猪木にぶつけられたのだった。

シュツットガルトの惨劇

世にいう〝シュツットガルトの惨劇〟と呼ばれる試合が行われたのはツアー第17戦(11月25日)、場所は西ドイツ・バーデン=ヴェルテンベルク州シュツットガルト。ここまで両者はツアー第2戦(11月8日)と第6戦(11月12日)で対戦し、戦績は猪木の1勝(反則勝ち)1分け(両者リングアウト)。この日のメインイベント(4分10ラウンドのヨーロッパ・ルール)が決着戦と位置付けられていた。だが、ツアー初日から休む間もなく闘いつづけてきた猪木に対し、ボックはプロモーター業務を理由に試合数を調整して万全のコンディションをキープしていた。

会場のキレスベルクホールはボックの地元ということもあって超満員(4000人)。ツアー最高の観客動員に気を良くしたボックはひたすら攻めつづけた。ツアー

アントニオ猪木
かく語りき 14

序盤から右肩の脱臼や肘や膝の打撲など満身創痍の猪木は防戦一方となった。ボックの投げを食わないよう、グラウンドでの攻防に勝機を見出そうとするも、パワーに勝るボックをコントロールすることはできなかった。〝サイドスープレックス〟〝フロントスープレックス〟〝ジャーマン気味の投げ〟〝ボディスラム〟――いずれも並みのレスラーなら1発でKOされたに違いない〝えげつない〟危険な投げ技が炸裂する度、猪木は板張りのリングに人形のように叩きつけられた。

結果はボックの10ラウンド判定勝ち。猪木も投げられた直後のアームロックへの切り返し、テンプルや喉元を狙い澄ましたドロップキック、得意のスリーパー・ホールドで再三反撃を試みたものの一歩及ばなかった。それでも――勝利を確信していたボックの顔面にヘッドバットを叩き込んで裂傷を負わせたのは〝キラー・イノキ〟ならではの血の返礼だった。

[イノキ・ヨーロッパ・ツアー 1978／猪木の戦績と対戦相手]

■22戦14勝1敗（判定）7引き分け
■対戦相手／ウイリエム・ルスカ（オランダ・元柔道五輪金メダリスト）　ローラン・ボック（西ドイツ・WWU 世界王者）　カール・ミルデンバーガー（西ドイツ・元プロボクシング世界ヘビー級3位＊異種格闘技戦）レネ・ラサルテス（西ドイツ・ハノーバートーナメント優勝者）　○ウィルフレッド・デートリッヒ（西ドイツ・元レスリング五輪金メダリスト）オイゲン・ウィスバーガー（オーストリア／元レスリング五輪代表）　オットー・ワンツ（オーストリア／CWA世界王者）　チャールズ・ベルハースト（ベルギー／カール・ゴッチの弟子。ジョニー・ロンドスのリング名で新日本プロレス創成期に活躍）ルドルフ・ハンスバーガー（スイス／民族レスリング・シュインゲン王者＊エキシビションマッチ）

レフトフック・デイトン

〝スーパーマン〟を絞め落とせるかどうかが闘いのテーマだった

試合前のデモンストレーションで、デイトンが自分の首の強さをアピールする〝首吊り〟のパフォーマンスをやったんだ。あれには驚いたね。実は自分にもできないかと思って鉄棒に顎を引っ掛けてぶら下がってみたんだけど、数秒しか真似できなかった（笑）。

いま振り返れば、デイトンはベータエンドルフィンを脳内で出すトレーニングをやっていたんじゃないかと思う。そういえばブラジルにも急所を蹴らせても平気な格闘家がいた。デイトンもそういうビックリ人間みたいな奴だったから、試合も勝ち負けより俺があいつを〝絞め落とせるかどうか〟をテーマにしたんだ。

◘ レフトフック・デイトン（1951- 消息不明）

185センチ、100キロ。51年アメリカ・カリフォルニア州出身。全米体協空手チャンピオン。猪木戦までの戦績は44戦（34KO）1敗2分け。ボディビルダーとしても全米各地のコンテストで名を馳せ、77年、CBS テレビ『ストロンゲストマン・コンテスト』において圧倒的高得点で優勝。カンフーでもチャンピオンという触れ込みだった。来日当初こそ格闘家としての実力に疑問符がついていたが、〝手錠ちぎり〟（両腕にはめた鋼鉄の手錠の鎖を腕力だけで引きちぎる）や「首吊り」（首を吊った状態で数分間耐える）といった超人的デモンストレーションが話題を呼び、その頃、挑戦者が底をついた感があった猪木の異種格闘技戦に久々に注目が集まった。

アントニオ猪木

かく語りき 15

プロレスラー＝プロの喧嘩師の証明

デイトンは猪木に「俺を絞め落としたら賞金1万ドルを出す」と宣言し、通常の格闘技戦では制限される寝技も認めるなど、自信満々で試合に臨んだ。対する猪木もスリーパーホールドにこだわった闘いを展開したが、デイトンを絞め落とすまでには至らなかった。しかし、試合が進むうちに頭部がウイークポイントだと直感。執拗な頭突き攻撃で戦意を喪失させ、バックドロップ3連発でTKO勝ちを収めた。

この一戦のポイントは格闘家として未知数だったデイトンの驚異的なタフネスぶりを逆手にとったフリールール（〝寝技OK〟〝頭突きOK〟〝チョークOK〟）にあった。それが猪木のプロの喧嘩師としての強さを際立たせ、観衆を興奮の坩堝へ叩き込んだのだった。

アントニオ猪木

かく語りき 16

『あいつの腕を折らなくて本当によかった』
"熊殺し"ウイリー・ウイリアムス

何年か前、テレビのバラエティー番組にゲスト出演してウイリーと久々に再会した。そのとき彼が俺の手を握りしめてこう言った。

「いまの自分があるのはミスター猪木と闘ったおかげです。とても感謝しています」

これにはジ～ンときた。

あの試合は俺とウイリーの闘いというより、途中からは新日本プロレスと極真空手の面子の闘いになっていた。場外で腕ひしぎに入ったときセコンドに頭を蹴られたり、いろいろと試合にならない部分があって……。折ってやろうかとも思ったが、あの状況でそれをやったら収拾がつかなくなると判断したんだ。

でも、折らなくてよかったとウイリーの一言を聞いてつくづく思った。

もしそうしていたら、ペールワン戦のような遺恨があとあとまで残ってしまっただろうからね。

ウイリー・ウイリアムス（1951-2019）

203センチ、100キロ。アメリカ・ノースカロライナ州出身。本名、ジョン・ホーキンス。極真空手3段、北米支部道場師範代（猪木戦当時）。ハイスクール時代からバスケットボール、ボクシング、レスリングで活躍し、プロバスケットボールチームからの誘いを断り、ニューヨークの大山茂門下で武道家として生きる道を選択した。ウイリーを世界的に有名にしたのは格闘技ドキュメンタリー映画『地上最強の空手2』（梶原一騎製作総指揮）。この作品で紹介された体長245センチ、体重320キロのグリズリー（灰色熊）と45分の格闘の末、素手で仕留めたというエピソードだった。ウイリーは猪木戦前に極真空手を破門され、その後、USA大山所属プロとしてリングスマットなどに参戦した。猪木とは97年1月、〝決め技限定マッチ〟（猪木はコブラツイスト、ウイリーは正拳突き）という特別ルールで再戦。猪木が17年越しの因縁に決着をつけた（4分13秒、グラウンドコブラで猪木の勝ち）。

アントニオ猪木

かく語りき 16

闘いのロマンの終焉

「猪木が〝プロレス世界一〟ではなく〝格闘技世界一〟と称するのは許せない。地上最強は極真空手である」

ウイリー・ウイリアムスが猪木への挑戦表明をしてから、この一戦が実現するまで実に3年の時間を要した。アマチュアのウイリーは極真会館の看板を背負っていたため、プロレス対空手の面子争いが先に立ち、対戦の条件がなかなか整わなかったのである。結局、そんなゴタゴタが試合にも暗い影を落としてしまった。

80年(昭和55)2月27日、超満員の観客を呑み込んだ東京・蔵前国技館にゴングの音が鳴り響いた。エキサイトする会場の雰囲気とは裏腹に、試合は静かに始まった。1回、不慣れなグローブの影響なのかウイリーのパンチはぎこちなさが目についたが、巨体から繰り出される伸びのある蹴りは迫力があった。猪木も間合いを測りながらタックルを試みた。しかし、ウイリーに両脇を抱え込まれ不発に終わる。2回、ウイリーの膝蹴りとそれをタックルに切り返そうとする猪木の攻防から両者頭突きの応酬に。意外な猪木の石頭にウイリーが動揺。その後、ウイリーの蹴りを誘った猪木がカニ挟みに捉えてテイクダウン。もつれ合いながら場外に転落し、一旦は両者リングアウトの裁定が下ったものの、立会人である梶原一騎が「試合続行」を宣言。ハイライトは、ウイリーのキックをかいくぐった猪木がタックルからグラウンドに持ち込み、腕ひし

アントニオ猪木

かく語りき 16

ぎ十字固めに入った瞬間だった。なんと寝かされたら終わりと思われていたウイリーが鞭のようにしなる蹴りを猪木の顔面にヒットさせ、絶体絶命の危機を一撃で脱してみせたのである。4回、猪木は戦術を腕ひしぎ1本に絞り、寝技が5秒しか認められないリング上ではなく、場外15カウントの時間を利用した戦術を選択。しかし、試合前から一触即発の状態にあった両軍セコンド陣が猪木とウイリーに殺到。大混乱のまま両者リングアウトが宣せられ、その後、正式にドクターストップによる引き分けという裁定が下された。左腕をだらりと下げたウイリーと脇腹を押さえてうずくまる猪木。ルスカ戦から始まった『格闘技世界一決定戦』という名の4年にも及んだ闘いのロマン——第1次格闘技ブームは、飛び交う怒号の中、ここに終焉を迎えたのだった。

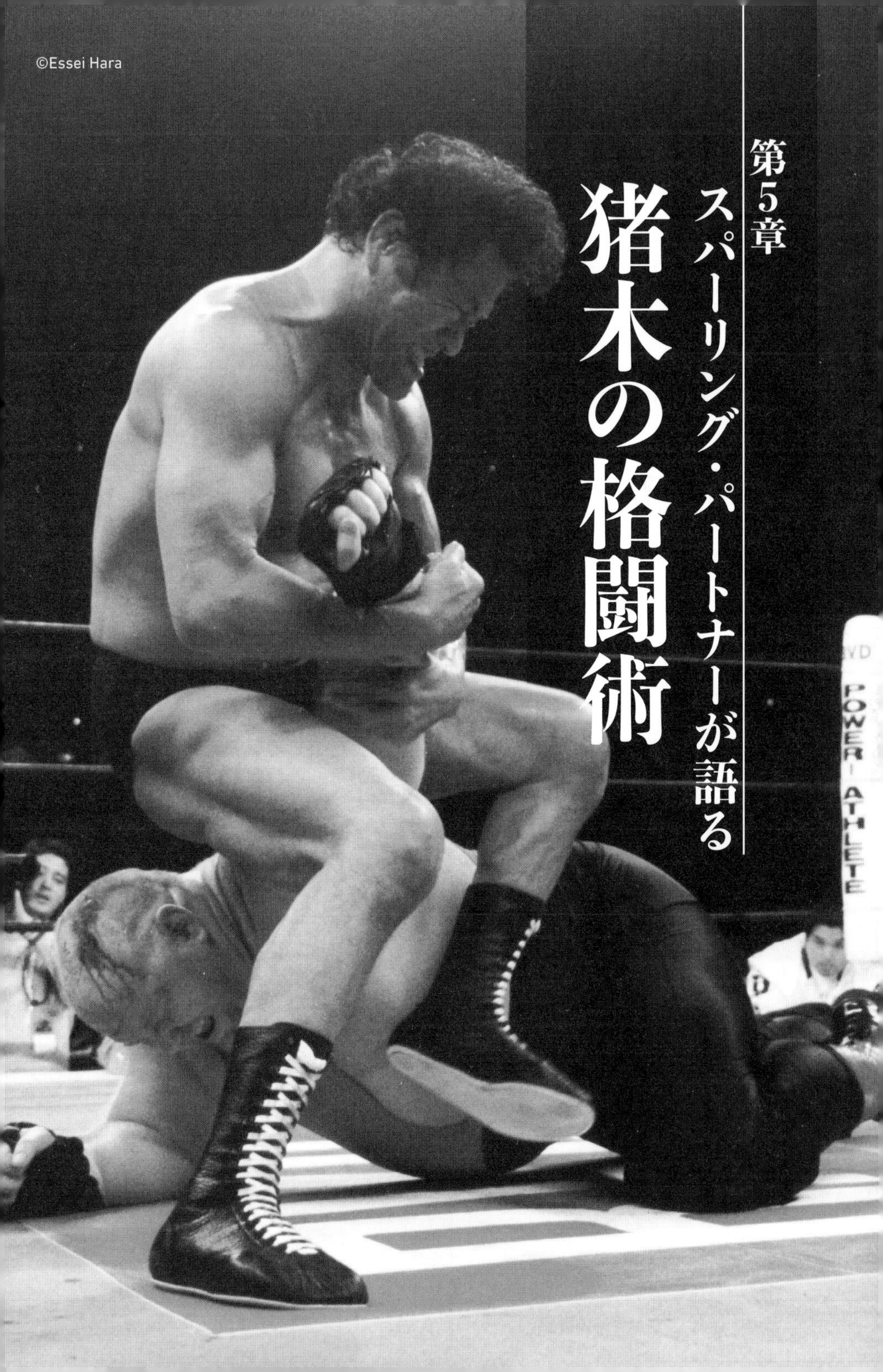

©Essei Hara

第5章
スパーリング・パートナーが語る
猪木の格闘術

歴代の側近たちが語る
新日本プロレス道場と猪木

インタビュー

佐山聡／藤原喜明／山本小鉄／石沢常光

猪木の強さは人一倍のトレーニングの結果であることは周知の事実である。だが、その具体的内容についてはほとんど知られていない。プロレス界のスーパースター・アントニオ猪木のリング上の世界を光とするなら、人知れず鍛錬を積んだ道場は陰。その暗がりの中で何が行われていたか明らかにされることは稀だったのだ。しかしながら、猪木の格闘家しての強さの秘密が必ず道場に隠されているのは間違いない。そこで、新日本プロレスが最も過激だと言われていた時代にアントニオ猪木のスパーリング・パートナーを務め、その後、それぞれ独自の格闘スタイルを追求している佐山聡、藤原喜明に異種格闘技戦前に行われていたトレーニングや道場の中だけで使われていた格闘テクニック、猪木の独特の打撃技や関節技の真髄について語ってもらった。

つづいて、新日本プロレスの礎を猪木と共に築き上げ、数々の名選手を育て上げた〝新日道場の鬼軍曹〟こと山本小鉄、現在スパーリングパートナーを務める石沢常光から〝猪木と新日本プロレス道場の過去と今〟を語ってもらった。

本章は歴代の側近たちの証言を通じて、リング上では封印されていた格闘家アントニオ猪木の全貌を浮き彫りにするドキュメントである。

〈註／なお、本章に収録した佐山聡、藤原喜明、山本小鉄、石沢常光のインタビュー、プロフィール、写真等はすべて96年2月時点の内容であることをお断りしておく〉

INTERVIEW

検証インタビュー 1

佐山 聡

猪木さんのテクニックは完成していたから、キックなんて本当は必要なかった

佐山聡（さやまさとる）

175センチ、105キロ。1957年（昭和32）、山口県出身。75年（昭和50）、新日本プロレス入門。初代タイガーマスクとして80年代初頭に一世を風靡。83年（昭和58）、突然の引退表明。翌84年（昭和59）、旧UWFで復活するも、独自の総合格闘技〝シューティング〟創出のため、再びプロレス界を引退した。

――佐山さんの格闘家としての原点は、猪木さんの格闘技戦時代になりますよね。そのころの思い出から話していただけますか。

佐山　「たしかに、ここまで僕がやってこられたことの原点は猪木さんです。ただ、猪木さんを誤解していた時期があったんですよ…。ブラジルの仕事（アントンハイセル）とかでシッチャカメッチャカなときがあって、猪木さんひとりじゃどうにもならなかったんでしょうね、格闘技をやろうという気持ちがあっても、とても手が回らなかったんだと思います。

それに僕はタイガーマスクとして人気を集めてはいましたが、猪木さんが雲の上の人であることに変わりはなかったですから、猪木さんの悩みや苦しみを理解しようにも別世界の話のようでわからなかったんです。実際に僕が新日本を辞めるとき、猪木さんに『昔のような理想を取り戻してください！』そう言って直談判したこともありました…。

いまは経営者としての苦しみなんかも理解できるようになりましたが、なにしろ当時は若かったし格闘技バカでしたから、結局、溝を埋められませんでした。それからは別々の道を歩んでいますが、僕のこれまでの人生は自分なりに猪木イズムを守ってきたプロセスだと思っています」

――かつて猪木さんはＷＭＡ（世界格闘技連盟）という、プロレスとプロ格闘技全体を統一する構想を持っていて、佐山さんはその第1号選手になるはずだったと聞いています。

佐山　「実は、僕は18歳から格闘技をやりたくて、まさに猪木さんが格闘技路線を突っ走っていたころですから、『新日本プロレスのなかに格闘技部門を作ってみてはどうでしょうか』って勇気を出して猪木さんに話したんですよ。そしたら猪木さんもそれに賛同してくれて、WMAをやるときは僕を第1号選手にすると言ってくれたんです。もう舞い上がっちゃいました！　それですぐにキックボクシングのジム（目白ジム）に通い始めたんです」

――WMA構想というのは佐山さんのアイディアだったんですか。

佐山「そうなんです。たとえばチャック・ウエップナー戦のときの指が自由に使えて掴めるグローブは、僕がもともと格闘技用に考案していたモノで、試合の直前に靴屋さんに特注で作ってもらったんですよ。それを猪木さんが実戦で使ってくれたんですね。僕のなかではそのころから自分のやりたい格闘技のイメージが大体できてましたし、猪木さんについて行けば必ず実現できると信じていました…」

――それが紆余曲折を経て現在のシューティングになったわけですね。

佐山「アントニオ猪木の格闘技戦が本物でなかったら、僕のような存在は生まれなかったと思います。いまでもプロレス界に興行として異種格闘技戦をやる人たちがいますが、猪木さんのように必死でトレーニングに取り組んで、なおかつ真剣勝負で本当に強い人ってほとんどいないはずですよ。猪木さんは本当に強かった！　プロレスを離れてもそれは胸を張って言えます」

――佐山さんは格闘技戦の前によくスパーリング・パートナーを務めていたそうですが、具体的にはどん

な練習をしていたんですか？

佐山　「異種格闘技戦をやる前から猪木さんは厳しいトレーニングをやっていましたし、新日本プロレスの通常の練習自体が凄かったんで、特別なメニューがあったわけではありません。プロレス界には、レスラーのトレーニングは体を作ればそれでいいんだという考えがわりと根強いんですが、当時の新日本の練習というのは、いざというときのセメントに負けないためにやるものだと、皆が当たり前に思っていました」

――いざというときのための練習とは？

佐山　「猪木さんが中心となって、セメントのケンカみたいなグラウンドのスパーリングが始まるんですよ。僕はわりとスタミナがあったほうなんで、体力トレーニングはそんなにきつく感じなかったんですが、スパーリングで毎日叩きのめされるのは辛かったですよ。若手同士のスパーリングなんか、殺るか殺られるかっていうような凄いムードでした。藤原（喜明）さんになかなか勝てなくて、最後に1本取れるようになったときなんか最高に嬉しかったですね」

――要するに新日本の選手は道場で毎日セメントマッチをやっていたということですね？

佐山　「そういうことです。ただ、それが寝技ばかりだったんで、僕はちょっとおかしいなと感じてキックボクシングも習い始めたんです」

——寝技に入る前に、まず相手を倒さなければならないと？

佐山　「そうです。当時、合宿所の僕の部屋の壁には『真の格闘技とは、打撃に始まり、組み、投げ、最後に関節技で極まる』と書いた紙が貼ってあったんです。毎日、殺伐としたセメントをやっていたからこそこういう発想が生まれたわけですし、猪木さんが『プロレスラーはプロレスだけやっていればいいんだ！』っていう指導者だったら、僕のこういう発想はなかったですよね」

——とはいえ、猪木さんはプロレスの試合では相手にとどめを刺すような、いわゆるシュート技は使いませんでしたよね。佐山さんはそこに疑問を抱かなかったんですか？

佐山　「プロレスの世界には、１００年前にプロレスの歴史が始まったときから、『セメントの世界とリングの世界は違う』という考えが根強いんですよ。猪木さんもそう考えていたんだと思います。ただ、それでも当時の新日本の味がちょっと違っていたのは、そういうこと（セメント）ができるレスラーたちが、ある種の雰囲気を醸し出しながらプロレスをしていた点にあるんだと思います。それが本能的にお客さんに伝わったんじゃないかと。

一言でいえば猪木さんのプロレスは『格闘家がやるプロレス』だったから凄みがあった。格闘家じゃない選手がいくら格好だけ真似しようとしても不可能なんです。つねにセメントの厳しさのなかに自分を置いて鍛えた猪木さんだからプロレスのなかにあれだけの凄みが出せたのであって、なかなかプロレス界に猪木さんを超えるレスラーが現れないのは当然です」

——猪木さんがプロレスの試合で見せなかったテクニックの話を聞かせてください。セメントのスパーリングではどんな技を使っていたんですか？

佐山 「いまサブミッションと呼ばれているような技は全部使ってました。猪木さんの師匠のカール・ゴッチさんが『本物のレスラーはすべての技が使えなければいけない』という考え方なんです。左右両方。猪木さんもそうでした。それに日常的にセメントばかりやっていると、あらゆるシチュエーションに対する備えが自然に身に付くんです」

——いわゆるUWFスタイルと現在呼ばれている技も、猪木さんはそのころから実践していたのですか？

佐山 「ええ、すべて。ただ、あのころは膝十字（固め）は使ってなかった。それと逆十字も…」

——え？　腕ひしぎ逆十字ですか？

佐山 「なぜかゴッチさんがあの技を嫌ってたんで、あんまり使わなかったんです。ルスカ戦の前から猪木さんはよくスパーリングではやってたんですけど、レスリングの世界にはあの技を軽んじる風潮があったんですよ」

——最近流行のチョークスリーパーやヒールホールドは？

佐山 「バーリトゥードのイワン・ゴメス選手から取り入れてました。もともと猪木さんの腕は細くて長いのでスリーパーを極めやすい体型なんです。ただ、あまり試合では使わなかった。実はこれもゴッチさんの石頭の影響で（笑）。ゴッチさんはチョークが嫌いだったんです。

当時、本当に猪木さんが得意にしていた技は〝フィギュア・フォー・ボディシザース〟。それに猪木さんの足首はやわらかくて、僕らがいくら技をかけても絶対極まりませんでした」

――藤原組の石川雄規選手が猪木さんとスパーリングをした際、何気ないボディシザースが強烈だったことに驚いたと語っていました。

佐山「ボディシザースは本当に効く技なんだと僕も弟子たちに教えています。ただ、あの技に向いた体型っていうのがある。手足が長くて足首が柔らかい…まさに猪木さん向きの技といえました。ボディシザースの天才ですよ！　あっ、もちろんその技だけじゃないですよ（笑）」

――猪木さんの技のなかでもっとも凄い技は絞め技だという意見をよく耳にしますが？

佐山「いいえ、全部です。相手の体の自由を封じ込めるボディコントロールもそうですし。いま僕はシューティングをやっている立場なんであえて言いますが、猪木さんはシューティングのテクニックを全部持ってます。なぜかといえば、セメントのなかで使われる技は、最終的に同じようなレパートリーになっていくからなんです」

――猪木さんが打撃系の格闘家と闘うとき、佐山さんが必ずスパーリング・パートナーを務めていたそうですが、どんな打撃対策をしていたのでしょうか？

佐山「僕はすでにキックボクシングを始めていたんで、モンスターマン戦の前に相手をさせられたんですが、とにかく猪木さんは打撃に対する防御法を身につけるため、攻撃をしないでひたすら受けていました。それから攻撃をかわしてタックルに入るタイミングの練習のとき、倒された僕の肩が脱臼したこともありました。

アリ戦のときは、まだ僕はぺーぺーだったので、せいぜいサンドバックを押さえるくらいでした。あ、これだけは言いたいんですけど、アリ戦をショーだとか、反対に真剣勝負だからつまらなかったんだとかいろいろ言われましたが、あのルールにおいて猪木さんの闘い方はあれしかなかったんですよ。

最近は格闘技をわかっている人が増えてきて理解されてきましたけど、『タックルもクリンチも禁止。ロープブレイクはあり』なんてルールを突きつけられたら、普通だったらもうお手上げです！やっとの思いでアリを招聘した猪木さんの立場としては、逃げられないためにはどんなルールでも呑まざるを得なかったんですよ。むしろアリキックという戦法を見つけて、試合を成立させた猪木さんは凄かった」

――いまの佐山さんから見て、猪木さんの当時の打撃テクニックをどう分析しますか。

佐山「僕がこんなことをいうのは僭越で恐縮なんですが…。ストレートパンチの打ち方は出来上がっていましたね。連打を効かすというより、1発で倒すというような打ち方です。

蹴りに関しては…厳しい言い方をすると、本当はキックっていうのは蹴っちゃいけないんですが、猪木さんはどうしても蹴ってしまっていました。いかにタイミングを読んでポイントに入れるかがキックの場合、重要なんです。

でもあいうローキックとか、それまでやるレスラーはいませんでしたし、決して洗練されたスタイルではありませんが、天性の勘で使いこなしてしまったんじゃないですかね。でも、猪木さんの場合、本当は蹴りなんか必要なかった」

――どういうことですか？

佐山「たとえばグレイシー柔術にはフェイントとしてのジャブとかはありますが、攻撃技としては必要ないじゃないですか。トータルなテクニックを持っていれば必ずしも打撃は必要ないということです」

――すると猪木さんはアリ戦の変則ルールでレスリングを封じ込まれたために、仕方なく打撃技を身に付けたということですか？

佐山「そうです。猪木さんにとっては打撃の技術なんか持たなくても、避ける技術さえあればよかった。だから僕の役割は、打撃技に対する猪木さんの目慣らしだったんです。相手の打撃を避けながら、懐に入れば勝負はついてしまうわけですからね」

――最後に、格闘家・アントニオ猪木の最大の特徴は？

佐山「しなやかさと寝技です。格闘家っていうのはあまり筋肉を付けてはいけないんですが、猪木さんの体は無駄がなくてしなやかで理想的でした。格闘家にとっていちばん大事な気持ちやクレバーな頭も備えていました。もし、現在のシューティングにあるような立ち技の技術があのころ確立していて、それを猪木さんが身に付けていたら大変なことになっていたでしょうね。でも、猪木さんの技術はあの時代においては最先端で限界のモノでしたよ」

〈1996年2月20日収録〉

検証インタビュー 2

藤原 喜明

命を捨てられるやつが喧嘩に一番強いんだ 絶対真似できない 猪木さんの強さはそれだよ

藤原喜明（ふじわらよしあき）

186センチ、102キロ。1949年（昭和24）、岩手県出身。72年（昭和47）11月、藤波辰巳（辰爾）戦でデビュー。長年、アントニオ猪木のスパーリングパートナー兼ボディーガードを務め〝猪木の影武者〟と呼ばれた。84年（昭和59）、旧UWF移籍。佐山聡のキックの技術と藤原の関節技がUWFスタイルの礎となった。その後、新日本復帰。第2次UWFを経て、プロフェッショナルレスリング藤原組を設立。

――まずはじめに、藤原さんが入門当時の新日本道場のトレーニングがどんなモノだったのかを聞かせてください。

藤原　「ただメチャクチャやれ！　そういう練習（笑）。いまみたいな合理的なトレーニングじゃなくて、時間にしても午前10時から午後3時まで休みなしのぶっ通しなんだから。そんで夜の10時ごろにまた、猪木さんのキャデラックの音が聞こえてきてね。「ありゃ、また来たよ…」って感じでイヤだったね（苦笑）」

――どんな練習メニューだったんですか？

藤原　「午前中は体力トレーニングで、午後からはスパーリングが中心。夜もスパーリングだった。で、スパーリングったって、全員血だらけになってのケンカ。口ん中はギザギザに切れて肘とかも皮がベロベロになってさ…。いかに相手を痛めつけるか！　そればっかり考えてたな」

――猪木さんとのスパーリングで印象に残っていることは？

藤原　「う～ん、技とかはそんなに多く使ってなかった。極めるときに使ってたのは、たしか10種類くらいだったよ。猪木さんの場合、自分から攻めるんじゃなくて、好きなだけ攻めさせておいて、自分の得意な技に入るチャンスと見たら一瞬に極める！　そういうやりかただったな」

――佐山さんは、とくに猪木さんのボディシザースが強かったと言っていましたが。

藤原　「そうそう、そうだった。猪木さんは脚が細くて足首が柔らかいんだ。だからビシッと入るんだ！　ボディシザースっていう技はさ、脚が太いと、かけた自分のほうが痛ぇんだよ。それと猪木さんが巧かったのは手首と肘の使いかた。あのアゴもイヤだった。肋骨のとこに刺さってくんだよ！　そういう何気ない動きがイヤらしかったな」

――藤原さんは格闘技戦の際には必ずスパーリング・パートナーを務めていましたが、なにか他の格闘技に対する特別な練習があったんですか？

藤原　「いや特別なかった。いつも通り。ただ、アリ戦のときはコンディション調整に相当気を使ったのはたしかだった…」

――一説によると、格闘技戦の前には必ず藤原さんが対戦相手とスパーリングをして、その実力を査定していたという話もありますが？

藤原　「そういうことは俺の口からは言いにくいな…。でも、まあ、そうだったな(笑)。格闘技戦っていうのは未知の相手だから、なかなか実力判断が難しいからな。俺が先にやることで、ある程度の目安をつけてたんだと思う」

――他の格闘技選手とのスパーリングといえば、バーリトゥードのチャンピオンだったイワン・ゴメス選手が新日本に留学していたこともありましたね。

藤原「一緒に練習してたよ。ヒールホールドは俺が最初に習った」

――どんな選手だったんですか？

藤原「首絞めとヒールホールドが巧くて、蹴りも掌底もやってたけど、そんなに技はなかったな。柔道着をつけてたら本当はもっといろんな技ができたんだろうけどな」

――首絞めというのはチョークスリーパーですか？

藤原「それも含めてだけど、俺たちレスラーは普段から首絞めはあんまり練習しねぇんだ。なぜかというと、首を絞めるなんていうのは技として簡単すぎんだよ！　実際、フェースロックで顔面のツボを極めるほうが難しいし、高等なテクニックだからよ、そっちのほうを練習してたんだ。猪木さんのチョークスリーパーはそのテクニックの応用。首は極める箇所が限られてるから、フェースロックを使いこなせればやれんだよ」

――すると、以前からチョークスリーパーという技は存在したんですか？

藤原「べつに誰かに教わんなくても、応用技としてはあった。ただ、レスリングではチョークは禁止だから、ゴッチさんなんかに言わせれば、あれは卑怯な技なんだ。だからあんまり使われなかっただけだよ」

――次に、ぜひお聞きしたかったんですが、ゴッチさんと猪木さんと藤原さんの関節技にはいったいどういう違いがあるんでしょうか？

藤原　「以前、ゴッチさんに『僕のスタイルはゴッチ・スタイルです！』といったら、『違う！　藤原スタイルだ』っていわれたことがあるんだ。それはどういうことかっていうと、関節技に限ったことじゃねえけど、俺がゴッチさんから教わった技をさ、そのまま教わった通りにやってたら一人前じゃねぇんだ。自分ならこうするという工夫が加わって、はじめて自分の技になるんだな…。だから、猪木さんも俺も、ゴッチさんとは違って当然。だいたい基本的にみんな体つきからして条件が違うんだから、同じになるはずがねぇんだ。ゴッチさんは『力を使うな。合理的にやれ！』ってよくいうんだけど、それも額面通りに受け止めちゃいけねぇ。なにしろゴッチさんは馬鹿力なんだよ(笑)。非力な俺たちがゴッチさんのいう通りにやってたら技なんかかかんない。だから猪木さんも俺も力負けしないように独自の工夫を加えてたんだ。そういう意味でどこが違うかっていえば、ゴッチさんの凄さは〝力と瞬発力を備えた技そのもの〟。俺と猪木さんの特徴は〝持久力を基本にした技の組み立て〟かな。それに猪木さんはしつこい！　俺のしつこさとはまたべつの感じなんだ。あとは先天的な柔らかさ。体全体が柔らかくて、いくら技をかけても効いてんのか効いてねえのかわかんねえんだ！

いつも意地でも極めてやろうと思ってたんだけど、技を逃がしちゃうっていう感じで…。これはテクニックとかじゃなくて、猪木さん自身も無意識な部分じゃねぇかな」

――ゴッチさんの他に、先天的なパワーとテクニックを持っていると感じたレスラーはいましたか？

藤原「う〜ん、あんまり見当たらねぇな…」

――ローラン・ボックはどうでした？

藤原「ああ、ボックねぇ。猪木さんとヨーロッパに行ったとき俺もスパーリングやったけど、あれはアマレスの選手だな。両肩をつけさせる技術はあんだけどそれだけ。怖しいとは思わなかったよ。たしかにパワーが桁違いで投げは強烈だったけどな。

猪木さんがボックとヨーロッパでやった試合は、一般に思われているほど追い込まれてはなかったよ。ただ向こうのリングは酷くて硬いんだ。木屑の上にシートが張られてるだけでデコボコなんだから！　だから猪木さんが受け身を取り損ねなけりゃいいなって思いながら見てた。実際、猪木さんはいつものように投げられながらチャンスを窺っていたからさ。ラウンド制でなけりゃスタミナで勝る猪木さんが捕まえてたよ」

――猪木さんから伺ったのですが、ヨーロッパ遠征で対戦した相手の中ではウィルフレッド・デートリッヒという選手がとくに印象に残ったと。

藤原「いたねぇ！　そう、デートリッヒねぇ、ナチュラルな強さを持ってた選手だった。タイプでいうと豊登さんみたいな感じかな。全体に柔軟で、首や脚が太くて短くて。俺はスパーリングはやらなかったけど、たしかクリス・テーラーっていう200キロもあるアマレスのオリンピック銀メダリストをフロント・スープレックスでブン投げてた。相手の胴が太すぎて腕がまわりきってない状態でだよ！　ありゃ、ボックより強かったね」

――藤原さんが猪木さんの海外遠征でもっとも印象に残っていることは？

藤原　「やっぱりパキスタンのペールワンの腕を折っちゃったやつだな…。折らなかったらやられてたかもしれねぇんだ、あれは。ペールワンが強いのか弱いのかわかんないまま試合になって、猪木さんが何回も関節を極めてんのに参らないんだよ…。そういうのっていちばんイヤなもんでね、だから最後に完全にアームロックが入ったとき、猪木さんはこれを逃したら極めるチャンスがねぇかもしれねぇ！　そう考えたんだと思う。それをギブアップされなきゃ折るしかないよ。なにしろペールワンは国民的英雄だから、折った途端にさ、７万人以上いた観客がスゴイ騒ぎになって、リングサイドを警備してた軍隊が観客席のほうに銃を構えたんだ。俺はそんとき瞬間的に、この兵隊のなかの１人がもしかしたら猪木さんを撃つんじゃないかと思って、とっさに弾除けになろうとして猪木さんの前に立って両手を広げたんだ。でも、猪木さんが『藤原、いいよ』ってスッと前に出て両手を高く差し上げた。そしたら大騒ぎだった会場がし～んと静まり返っちゃった…。なぜだと思う？　その両手を天に差し上げた姿が〝アラーの神への祈りのポーズ〟だったんだよ」

――猪木さんはそれを計算してやったんですか？

藤原　「いや、おそらく偶然だよ！（笑）そんとき猪木さんの勘の良さっていうか、運の強さを感じたね」

――その猪木さんとのちに袂を分かって対戦（1986年2月6日／両国国技館）することになったわけですが、そのとき何を感じていましたか？

藤原　「猪木さんのカバン持ちを十何年やってたから、ブッ殺してやる！　とは思わなかったけど、リングに上がったときにいろんな思いが頭によぎった。正直いって憎んだこともあったから一泡吹かせてやろう！　という気持ちにはなってた。で、最初に睨み合ったとき、猪木さんのほうから目を逸らしたから、こりゃいけるって思った。ところが試合が始まって、俺が（腕ひしぎ）逆十字に入ろうとしたら猪木さんが自分から腕を俺にくれたんだ。かけられまいとして腕を引こうとするならわかるし、そうなってたら逆に完全に入ってたと思うんだけど、相手が自分から差し出してきた腕を折ったら俺の男がすたるとか、折ったら後悔が一生心に残るんじゃねぇかとか、もうなにがなんだかわかんなくなった……。そんときに負けたって感じだったな」

――猪木さんは意図的にそうしたんでしょうか？

藤原　「わかんねぇけど、おそらく無意識じゃねぇかな。計算だったら信じられない狡賢さだよ！　でも猪木さんの場合、天性の閃きみたいな感じでやったんじゃねぇかと思う。俺が勝てねぇと思ったのは、そういう猪木さんの捨て身になれちまう狂気みたいなものかもしれねぇ。うまく説明できねぇんだけど」

――捨て身になれる狂気ですか…。

藤原　「俺らは凡人だから、危ない状況になったら『生きたい』とか『助かりたい』とか『死んだら酒飲めなくなるな』とかいろいろ思うよな。でも猪木さんはそう思わないっていうか、思わなくなれる人なんだ…。ケンカにいちばん強い人間はさ、生きることに執着がなくて捨て身な奴なんだよ。もうそういう奴には勝てるわけがない…。スキャンダルとかも、あれは早い話が周りの人間が猪木さんを理解できなかったってことだと思うんだけど、それって当たり前なんだよ。わかるわけねぇもん！　猪木さんの狂ってる部分を理解できねぇほうが、むしろ人間としては正常なんだから」

――最後に、藤原さんにとって格闘家・アントニオ猪木とは？

藤原　「猪木さんのことをこうして話しながら考えると、真剣にそうすればするほどわかんなくなるんだ…（憮然）。七色の顔を持っていてさ、そのすべて捉えどころがねぇんだよ。猪木さんにとっては一般常識も善悪の基準もある意味で関係ねぇし、凡人には理解できねぇとんでもないモノサシを持ってんだよ…。そういうでかすぎてわけわかんない人間性も含めてみないと、格闘家・アントニオ猪木っていうのは見えねぇと思うな」

〈1996年2月26日収録〉

INTERVIEW

検証インタビュー 3

山本小鉄

目をえぐり、口を裂き、指を折るプロの裏技を猪木さんも僕もゴッチさんから学んだ

山本小鉄（やまもとこてつ／ 1941-2010）

173センチ、108キロ。神奈川県出身。本名、山本勝。ボディビルで体を鍛え、63年（昭和38）、日本プロレス入門。72年（昭和47）、猪木と共に新日本プロレス設立に参加。現役時代は星野勘太郎とのタッグチーム〝ヤマハ・ブラザース〟で人気を博した。80年（昭和55）引退。その後は鬼コーチとして後進の育成に努め、前田日明らを育て上げた。

――アントニオ猪木の強さの根源であるトレーニングの話を伺えないでしょうか。とくに小鉄さんは日本プロレス時代から猪木さんと一緒に歩んで来られた方ですから、どんな練習を積んできたのかなど、ぜひ、詳しく聞かせてください。

小鉄　「日プロ（日本プロレス）時代から猪木さんはトレーニングの虫！　練習熱心だというのはプロとして当たり前で、本来は自慢になることじゃないんですけど、練習しないレスラーが少なくなかったんですよ。そのなかにいても猪木さんはいつも厳しい練習をしてましたし頭抜けた存在でしたね。普通はシリーズが終わってオフに入ると休みたいですよね、ところが『カール・ゴッチさんがいまハワイにいる』とかいう情報が入ると、オフ返上で、自費でハワイまで飛んで行ってコーチを受けてましたよ。まあ、そういう練習好きな人の周りには自然に仲間が集まるんですよ。大坪（清隆）さんと猪木さんはとくに仲がよくて、僕もその仲間にいれてもらってしごいてもらいました。そのうち木戸（修）選手や藤波（辰爾）選手が入門してきて、一緒にやるようになったんです」

――まさに新日本プロレスの創設メンバーですね。

小鉄　「そうです。新日本っていうのは日プロのなかでも本当に練習熱心な選手が集まって作った団体だったんですよ！　ですから猪木さんと僕が最初に日プロを飛び出して考えたことは『まず練習して鍛える場所が必要だ！』で、わずか1カ月で道場を作りました」

――新日本のベースになった初期のトレーニング法について聞かせてください。

小鉄「基本はゴッチさんから学んだ練習法です。ゴッチさんは頑固な人で、器具を使ったトレーニングが大嫌いなんです。だから僕らが教わったことっていうと、そこらへんにあるタオルを使ったり、天井から吊り下げたロープを腕だけでよじ登ったりとか、あまり近代的なトレーニング法ではなかった。でも、その1つ1つが、絶対にプロレスに役立つようになってた！　プロレスのトレーニングとしては非常に合理的だったんですよ」

――小鉄さんはかつて新日本道場の鬼軍曹と呼ばれたほど厳しいコーチでしたね。

小鉄「竹刀で思いっきりひっぱたいたりもしたし、いま思うと過激な教え方をしてたなと思うね。僕の場合は体が小さかったんで、若いモンになめられないようにとくに厳しくやってたところはありました。でも、猪木さんもそうだったんですけど、スクワット3000回っていったら自分もやったし、教える自分たちが口先だけじゃないところをつねに見せてましたよ。後輩たちに追いつかれないように自分も必死で練習してたんです。振り返ると、自分が教えた佐山（聡）選手、藤原（喜明）選手、前田（日明）選手たちもそれぞれが一流になって活躍してますから、自分は間違ってなかったって確信してますし、確実にいまの新日本の土台になったんだと思ってます」

――藤原選手は「当時の練習はメチャクチャだった！」と言ってました。

小鉄「この商売メチャクチャにやらないと務まらないと僕は思うんですよ。それはどういうことかっていうと、レスラーは練習すればするほど体がでかくなって体重を背負っていくんですね。そうすると練習がどんどんキツく感じるようになるんです。キツくなれば人間ですから怠けたくなります。もともと誰の心のなかにも半々の怠け心があるんですが、それがどんどん大きくなっていくんです。だから、わざとしごいて奮起させてたんですよ！　猪木さんなんか、つねに先頭に立って若いモンより練習してたし、忙しくなって道場に顔を出せないときだって、こっそりバーベルとかダンベルを自宅に持ち帰って、時間をみて練習してたんですよ。それがプロってもんです」

――当時の新日道場のスパーリングについて聞かせてください。

小鉄「夏なんかね、道場がトタン屋根なんで室内の温度が50度を超してたんです！　そのなかで何時間もスパーリングをやってたんで、終わったあと外の熱いアスファルトの道路に寝転んだら冷たく感じたくらいでした(笑)。猪木さんのスパーリングは厳しかったですよ。蛇のようにネチネチとしつこくて、つねに相手の体に密着するんですが、これがいちばん嫌がられる。それに頭の先から足の先まで、急所をよく知ってました。そのいちばん痛いポイントを攻めるテクニックがあって、そこを極められると痛いのを通り過ぎて『ギャッ！』なんです。そういう技の練習をかなりやってました」

――具体的にはどういう技なんですか。

小鉄「たとえばね、目の下のくぼみを極められたら、それだけでギブアップですよ。そういう何気ないけど厳しい技を身に付けるためにフェースロックを徹底的に練習するんです。スリーパーっていう技は素人でもかけられますけど…まあ、簡単っていっても猪木さんのように3秒で確実に落とせるようになればこれも凄いプロのテクニックですけど、技術的にみると顔面に無数にある急所を攻めるフェースロックのほうが、まさにプロにしかかけられない技なんですよ。それ以外にも、目を抉ったり、鼻を曲げたり、口を裂いたり、指を簡単に折る技っていうのもあります。目を抉るにもテクニックがあって、ただ指を突っ込んでもできない。そういうコツみたいなモノをみんなゴッチさんから、僕も教えてもらいました」

――当然、そういった危険な技が試合で使われることはなかったわけですよね。

小鉄「いや、猪木さんがパキスタンでペールワンとノールールで闘ったときに使ってました。最後に腕を折っちゃったんですけど、その前に目に指を突っ込んでました。アルティメット大会がノールールとかいってますが目と金的攻撃は反則ですよね。でも、あのとき猪木さんは本当のノールールの試合をやったんですよ」

――そういう技はいまでも新日本で継承されてるんでしょうか。

小鉄「いま現在はそういう技術を持った選手が外に出てしまっていて、道場で教えられる選手が少なくなっているのは確かです。でもいまの選手の誰もできないわけじゃないですよ」

――橋本選手やライガー選手には怖さを感じることがたしかにあります。

小鉄「そうでしょう。そういうモノを持ってる選手というのは、黙っていてもお客さんに伝わるものなんです。目を抉れ、口を裂けとは言いませんけど、それがいつでもできる技術を持った選手っていうのは自信に溢れてますから、目の輝きや鋭さ、肌ツヤや筋肉の張りが違う。どんな相手と闘っても絶対腰が引けないし、何百試合も観てきているファンは目が肥えてますからね、一目でそういう選手を見抜きます。格闘技の自信を持てば、結果としてプロレスが輝くんです」

――いまのヤングライオンと呼ばれる若手選手には、そういう考えは伝えられているのでしょうか。

小鉄 「お客さんがプロレスに求めるモノが変わってきたという部分もあって、たぶんレスラーの考え方も変わってきてます…。トレーニングの方法ひとつとっても、器具も進歩してるし、科学的な理論も我々の時代より遥かに進んでます。いまの新日本のリングでやってるプロレスは、技も多彩だし、華麗で素晴らしいですよ。でもこれは猪木さんと僕の意見の一致するところなんですが、古い考えかもしれないけど、たとえ試合で見せることがなくても、そこにプラスアルファの格闘技のテクニックが加われば、闘いにもっと説得力が出ると思うんです。若い選手にはピンとこないみたいですけど、プロレスには頂点ってないんですよ！　カール・ゴッチもルー・テーズも頂点じゃないし、猪木さんだっていまだに努力してますから…。きっと死ぬまで目指すんじゃないですか」

――藤原選手が「猪木さんの強さは命を投げ出せる恐ろしさだ」と語っていました。初めてシングルマッチで闘ったとき、自分から腕を差し出されて「負けた！」と思ったとも。

小鉄 「そうかもしれないです。ただね、猪木さんが藤原選手との試合で腕を自分から差し出したのは、僕はむしろ計算だったと思いますよ」

――計算といいますと。

小鉄　「たとえば腕を相手がぐっと引こうとしているときに、反対にスッと前に出してやるとバランスを崩したりするんですよ。それと猪木さんは藤原選手には腕ひしぎを極められないという自信があったんだと思います。猪木さんの関節が柔らかいのは有名ですが、それに加えて藤原選手の骨盤の厚みも計算に入れていたんじゃないかな」

――骨盤の厚みですか。

小鉄　「ご存知の通り、関節技はすべてテコの応用です。腕ひしぎは相手の肘を自分の下腹のところにのっけて、グッと反らせれば極まるわけですから、その部分の厚みは重要なポイントなんです。藤原選手は骨盤の厚みがどちらかといえば薄いため反りも小さい。猪木さんは自分の関節の柔らかさも合わせて堪えられると計算したんでしょう。もしかすると藤原選手がいう〝捨身〟に思わせたのも心理的な駆け引きだったかもしれないですよ」

――もしそうだとすると、猪木さんは相当狡賢いですね。

小鉄　「そういう計り知れないところが猪木さんの凄さだし、怖いところなんです」

――最後に、時代は変わっていますが、これからのプロレスはどうなっていくとお考えですか。

小鉄「闘争本能っていうのは人間の基本ですから、プロレス自体は絶対に廃れることはないと思います。すくなくとも新日本プロレスが存在する以上、なくなりませんよ！　でもそれは新日本の道場をはじめとして、プロの技術をきちんと残すことが前提です。いまね、日本にもともとは数十人しかいなかったプロレスラーが数百人にまで増えて、輝きが薄れてきてると思うんです。練習する道場もない団体があったりしてね、これはお客さんを騙してるのと同じです！　僕はこれから他の団体もまわってね、プロレスの奥の深さを教える行脚をしたいと思ってるんですよ。猪木さんから僕らが教えられたことは、プロレスラーっていうのは、まず本当に強くなくちゃいけないということでしたから……。それをプロレス界全体に伝えたいんですよ」

〈1996年2月27日収録〉

©Essei Hara

©Essei Hara

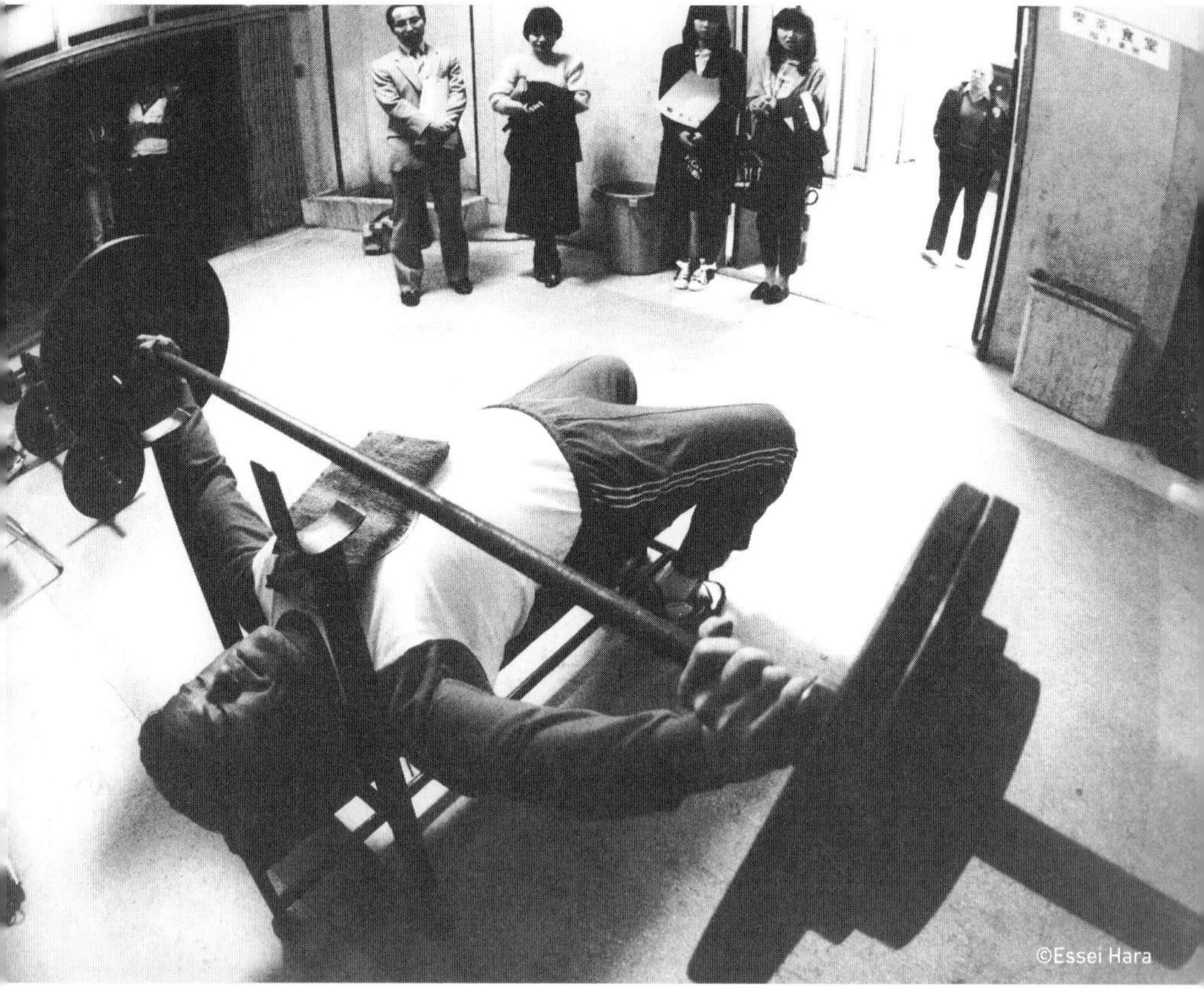
©Essei Hara

検証インタビュー 4

石沢常光

なぜ猪木会長に関節技は極まらないのか スパーリングで知ったプロレスの奥深さ

石沢常光（いしざわときみつ）

182センチ、94キロ。1968年（昭和43）、青森県出身。本名、石澤常光。アマレス選手として早稲田大学在学中に全日本学生選手権3連覇。バルセロナ五輪代表候補だったが、惜しくも最終選考会で敗退。92年（平成4）、新日本プロレス入団。グラウンドレスリングにこだわり、古くて新しい独自のスタイルを作り上げつつある。中西学、永田裕志、大谷晋二郎らと共に、将来のエース候補。現在、アントニオ猪木の付き人とスパーリングパートナーも務めている。96年ヤングライオン杯優勝。

――**まず、はじめに。なぜ、石沢選手はプロレスラーになったのですか？**

石沢「前にうちの会社（新日本プロレス）では『闘魂クラブ』といって、アマレスのオリンピック選手の養成をやってたんです。自分はそのスカウト第1号選手で、馳（浩）さんから大学4年のときに誘われました（註／石沢選手は早稲田大学在学中、全日本学生選手権3連覇。バルセロナ五輪代表候補の1人だった）。ちょうどオリンピックの前年だったんですが、プロのトレーニングってどういうものか興味があったんで、まずそこに入ってプロと一緒に道場でトレーニングさせてもらってました。でも、最終選考会で負けてしまって…。卒業の時期になってたので就職先もなく、そのまま4年後のオリンピックを目指そうかとも思ったんですが、思いきってプロになろうと決心しました」

――**プロレスに興味は持っていたのですか？**

石沢「もともとアマレスもプロレスが好きだったから始めたんです。とくにタイガーマスク（初代＝佐山聡）の陰の部分っていうか、空中殺法やキックよりレスリングの巧さとか強さに惹かれてました」

――**アマレスの選手のなかにはアマレスとプロレスは別モノと考える人が多いのでは？**

石沢「自分はアマレスの先にプロがあると思ってましたから、別モノだとは考えてませんでした」

――**逆にアマレスとプロレスの違いは？**

石沢「お客さんに見てもらうかどうか。それと報酬があるかないか…。闘いという意味では本質的に違わないと思います」

――次にアマレスとプロレスのトレーニング法の違いについて伺いたいのですが。どこがいちばん違っていましたか？

石沢「ウェートトレーニングの量ですね。アマチュアのときは付録くらいにしか考えてなかったんですが、プロは体を作ることが重要ですから。実際、筋力がついてパワーが増し、ケガをしにくい体になりました」

――現在の新日本プロレス道場の練習メニューを教えていただけますか。

石沢「合同練習の内容は何種類かメニューがあるんですが、そのうちの1つを例にあげますと、まず、準備運動から入り、ヒンズースクワット500～1000回。縄跳び。ゴムを前後左右にくぐる練習を30回×3～4セット。腕だけを使ってのロープ登り5～10本。プッシュアップ（腕立て伏せ）50回、40回、30回、20回、10回で1セット。ウエートトレーニングを1時間～1時間半。腹筋・背筋を各100回。ブリッジを1～3分。ブリッジから跳んで起き上がる連続運動、スパーリングを5分×6セット。だいたいそんな内容で、時間にして約3時間前後になります。

――練習メニューは誰が作成したのでしょう？

石沢「誰がというわけではなく、もともと新日本道場に伝統的につたわっている練習に馳（浩）さんが工夫してアレンジを加えたものです」

――スパーリングの際、サブミッションなどのコーチは受けているのですか？

石沢「技の基本的な理論は教わりました。アキレス腱固めのかけかたとか、関節のとりかたとか、まず、かけてもらって自分の体のどの箇所が痛いのかを理解して、次にどうかけるのかを一通り教わって…。でも、いちばん肝心なのはその技をかけるまで、どうやって相手の体勢をそこにもっていくかなんですよ。それだけは教われることじゃないので、自分がやってきたアマレスの経験とスパーリングを通して自分で見つけていくしかないんです。本当はそういう部分をもっと勉強したいんですが、巡業とかに入ってしまうと、なかなかできなくなるんで…」

――技術的な面でいまいちばん学びたいことは？

石沢「やっぱり技に入るまでのプロセスなんですが、去年、ちょうど1年くらい前に（猪木）会長のブラジル行きに同行させてもらったんです。そのとき、1週間、毎日、グレイシー柔術の道場に通わせてもらっていろいろ勉強になりました。レスリングってカメのように身を固めた状態からはじまって、それがいちばん強いという考えがあるんですけど、グレイシーは『実戦はそういう状態からはじまらないし、だいいちそれがいちばん危険な体勢だ』というんです。発想がまったく逆なんで面白かったですね」

――新日本の先輩レスラーは口を揃えて「昔の新日本道場のスパーリングは過激で殺伐としていた」と語っていますが、いまの若い選手たちは過去の練習方法との違いについてはどう捉えているのでしょうか。

石沢「昔を知っている人たちから見ると、なにか物足りないように見えているようですね。でも、ケガをしたり、させたりすれば、結局は練習ができなくなって効率が悪くなってしまいます。それに、去年、練習中に1人亡くなってますから…。必ずしも殺伐とした練習だけがすべてだとは思いません」

――最近の新日本の試合は非常に多彩で華やかになりました。が、〝怖さ〟を感じさせるような試合は少なくなったと感じます。

石沢「その通りでしょうね。でも、怖さを感じさせるような試合って『今日はやってみよう』とかいって意図してやるもんじゃないと思いますし、状況によるんじゃないかと…。ただ、とくに相手から挑まれれば『いつでもやってやる！』という気持ちはありますよ。これは自分以外の選手も同じだと思います」

――石沢選手の目指す理想のプロレスラーは？

石沢「そうですね、お客さんにウケるより仲間から尊敬されるプロレスラーになりたいですね。ダニー・ホッジやブラッド・レイガンズとか。レイガンズは外人レスラー皆に尊敬されてますから。それにもちろん、猪木会長もです」

――昨年、まったくスタイルの異なるUWFインターと遭遇したわけですが、石沢選手は彼らのファイトスタイルをどう感じましたか？

石沢　「以前から会長に『キックはパンチほど怖いもんじゃない』と教わってました。『1発くらいは食う覚悟で入れば必ず捕まえられるし、顔面じゃなきゃ鍛えてれば大丈夫だ』と。それでもどんなモノかわからなかったんで、キックをくぐってタックルに入る練習とかはやりました。実際にやって感じたのは、中途半端だなと。自分たちが最強とか格好いいことばかり言ってますけど、こっちは十何年レスリングやってきて、それでも前座を我慢して務めてるんです。それくらいプロレスは厳しいんですから！　他に強い人はいくらでもいますよ」

――では、本題に入ります。現在、石沢選手は猪木さんのスパーリング・パートナーを務めているわけですが、猪木さんとはどんな練習を行っているのでしょうか？

石沢　「いや、スパーリング・パートナーっていっても自分の場合下手で、会長の関節とか全然とれないんで、どうしても首絞めばっかり狙っちゃうんです…。アキレス腱固めとか『かけてみろ！』って言われて、かけさせてもらうんですが『全然効かねぇよ』って…極まらないんですよ」

――猪木さんからはどんなアドバイスを受けているんですか？

石沢　「いつも言われることは『手首、肘、顎、膝、拳の使い方の感覚を磨け』です。会長はいとも簡単に的確にそういう部分を使いこなすんですが、これが難しいんです…。それにチョークスリーパーなんかもグレイシーが出てくる前から教わってましたし。会長は視野が広いんです」

——試合前の猪木さんはどういう練習を？

石沢「自分から見ると、会長くらいになればそんなに練習しなくたっていつでもリングに上がって試合できるんじゃないかって思うんですが、試合に対する考え方が違うんです…。試合日程が決まると、会長はどんなに忙しくてもその1カ月前か、早ければ2カ月前からトレーニングに入るんです。去年の年末から今年の正月にかけての試合（1995年12月30日・大阪城ホール／アントニオ猪木・高田延彦組vs.藤原喜明・山崎一夫組、1996年1月4日・東京ドーム／アントニオ猪木vs.ビッグバン・ベイダー）のための琵琶湖での合宿に自分も参加しましたが、朝起きてランニング、昼の間はウエートトレーニング、夜はみっちりスパーリング。思わず『そんなにやるんですか』って言ってしまいました。試合が近づくにつれて、どんどん自分で自分を追い込んでテンションを上げていくんです」

——ベイダー戦は凄い試合でした。

石沢「素晴らしかったです。でも、あの試合の後の会長は近寄り難いものがありました…」

——いまの若い選手たちは猪木さんと接点があまりなかったと思われますが、アントニオ猪木の影響は受けているのでしょうか？

石沢「それはあります。新日本に憧れるっていうのは、ある意味では猪木会長に憧れるということでもありますし、大谷（晋二郎）とかは会長に憧れてプロレスラーになった選手ですから、いまでも崇拝してると思いますよ。以前、若手だけを集めて、会長が新日本の将来的な話とかしてくれたこともありました。試合も見ていないようで見てるんで、気を抜けないんです」

――猪木さんを間近に見てきて、とくに印象に残っていることを聞かせてください。

石沢「こんなことをいうと怒られちゃうかもしれないですけど、会長は我儘な人ですね（笑）。でも、それは会長自身がいい思いをしようとか楽しようとかじゃないんです。たとえ嫌いな相手にでも懐を開いちゃいますし…ときどき大きすぎて理解できなくなるんですよ。

あとは自分の体に非常に気を遣っているところ。自分なんかはちょっとしたケガくらいはほっといちゃうんですけど、会長は医学的なこともよく勉強されていて知識が豊富ですし、治療法についても本当によくご存知です。前に有名な先生に会長が体を診てもらったとき『石沢、お前も診てもらえ』って勧められたんですが、つい遠慮してしまって。そのとき会長に言われました。『いつ何時、誰の挑戦でも受けるのがプロレスラーなんだ。プロである以上、自分の体につねに気を遣え！』と。ああ、そうだなと思いました」

――最後に、同じプロレスラーとしてアントニオ猪木をどう見ていますか？

石沢「なにより、会長はつねに満足しない方ですし、いまだに吸収できるものはなんでも吸収しようという度量の大きさがあります。それに、どんなに大変なことがあってもパッと気持ちの変換ができるんです。そういうすべてのことをプラスに転じて呑み込む姿勢が、きっと会長のプロレスを形作ったんじゃないでしょうか。会長のプロレスって人の心に感動を与えますよね…。それに比べて、いまのプロレスは自分も含めてその場限りなんですよ。そのときは面白くて盛り上がるんだけど、余韻が残らないっていうか…。それはなぜなのか？　それを自分は、もっと勉強したいと思っています」

〈１９９６年２月28日収録〉

19 究極の受け身

ビッグバン・ベイダー選手の投げっぱなしジャーマンによって猪木が脳天からマットに叩きつけられた瞬間。これはあきらかにアクシデントだと思われるが、猪木は致命的ダメージを負わなかった。なぜか？　おそらく、ベイダー選手が投げに入るのと同時に猪木は体重移動を使うことでタイミングをズラし、絶体絶命の危機を脱したと考えられる。実際、猪木は後藤達俊選手との試合でそのテクニックを使っており、シュツットガルトにおけるローラン・ボック戦でも通常より固いヨーロッパのマットにスープレックスで叩きつけられた直後に平然と関節技で切り返している。並外れた肉体の柔軟性、脱力、咄嗟の体重移動——これら猪木の格闘技術の奥義はプロレスの受けにも十二分に活かされていたのである。

©Essei Hara

INTERVIEW

延長戦

検証インタビュー 5

北沢 幹之

若い頃から猪木さんは強いと聞いた相手とは必ずスパーリングをやらずには気が済まない人でした

北沢幹之（きたざわもとゆき）

175センチ、94キロ。1942年（昭和17）、大分県出身。61年（昭和36）10月、日本プロレス入門。62年（昭和37）1月、デビュー。66年（昭和41）、豊登とアントニオ猪木が旗揚げした東京プロレス参加。その後、日本プロレス復帰と新日本プロレス旗揚げの際にも猪木と行動を共にした。76年（昭和51）、カール・ゴッチ杯優勝。主なリングネームは魁勝司。81年（昭和56）に引退後はUWF、リングス、ドラディションでレフェリーを務めた。09年（平成21）、NJWPグレーテストレスラーズ受賞（新日本プロレス版殿堂入り選手の表彰）。

北沢幹之は力道山門下生としてアントニオ猪木の1年後輩にあたる。日本プロレス─東京プロレス─日本プロレス─新日本プロレスと、現役時代はつねに兄弟子のアントニオ猪木と行動を共にしていた。

現役時代、中堅のポジションで若手選手の高い壁であり続けた北沢のファイトは、テレビ画面にこそ滅多に映し出されることはなかったが、関係者の間ではガチンコ最強説も囁かれる〝陰の実力者〟だった。

日本プロレス道場と新日本プロレス道場。アントニオ猪木はどのように強さを追い求めていたのか──数々の伝説の真偽と長年の謎について初めて明かしてもらった。

沖識名、長沢秀幸、大坪清隆、吉原功 日本プロレス道場の強さを支えた男たち

──まずはじめに、アントニオ猪木の原点である日本プロレス道場についてお伺いします。北沢さんが入門された当時、道場では沖識名さん、長沢秀幸さん、大坪清隆さん、吉原功さんが若手選手の指導をされていたそうですね。彼らの役割分担はどうなっていたのでしょうか？

北沢「いや、誰かが仕切っていたとかはなくて、それぞれがコーチというより先輩として勝手に教えてるみたいな感じでした」

──沖識名さんはどういう方だったんですか？

北沢「ちゃんと受身だとかも見てくれて、悪いところは直してもらって、関節技も教わりました。沖縄で空手の挑戦を受けた時も、沖識名さんの言う通りにやったら簡単に勝てました」

――いわゆるシュートのテクニックですか?

北沢「そうですね」

――ところで、北沢さんは沖識名さんが若い頃に柔術をやっていたのはご存知だったんでしょうか?

北沢「本人からそう聞いてました。だから空手との闘い方もわかってたんだと思います」

――大坪清隆さんはどういう方だったんですか?

北沢「先輩に田中米太郎さんという人がいたんですけど、自分は弱いのに下のものに対するイジメが酷かったんです。沖縄に行った時、私が堤防の上で日光浴をしてたら、後ろからバーンと3メートル近い高さからいきなり海に突き落とされて。これから夜に試合があるのに足の皮がペロッとむけちゃったんです。私はそんなことがあったのは黙ってたんですけど、誰か他の若い者が大坪さんに話したらしくて。そしたら大坪さんが怒って吉村(道明)さんに『おい、今日、俺と米太郎の試合組め!』って。那覇の屋外での試合だったんですけど、ゴングが鳴ると同時にもう滅多打ちにして田中さんの顔がこんなに腫れあがっちゃったんです。次の日もコザ(現・沖縄市)で同じ試合が組まれて「坪やん、やわらかく頼みますよ」って米太郎さんが頼んだみたいなんですけど『知ったこっちゃない』って、やっぱりボコボコにされて（笑）」

――大坪さんは正義感の強い方だったんですね。

北沢「そうです。柔道5段で元々は山口道場（註／プロ柔道ナンバー2だった山口利夫6段が旧全日本プロレス協会に引き続き設立したプロレス団体）で長沢さんなんかと一緒にやってたんです」

――え？ 大坪さんは木村政彦門下ではなくて山口道場出身だったんですか？

北沢「そうです」

――つまり、大坪さんは木村政彦さんが最初に旗揚げしたプロ柔道（註／木村政彦7段の師匠・牛島辰熊9段が設立）に参加した後、山口道場を経て日本プロレス入りしてたんですね。

北沢「はい。長沢さんも山口道場から日本プロレスに来たんですけど、相撲が滅茶苦茶に強かった。でも本当に穏やかで優しい人でした」

――長沢さんの相撲の実力には元関脇の力道山も一目置いていたそうですね。学生横綱時代に無敵だった吉村道明さんも歯が立たなかったそうですし。でも、あまりにも性格が大人しすぎてプロレス向きではなかったと聞いたことがあります。

北沢「プロレス向きじゃなかったですね。なんかすごく地味な試合をやってました。だけど若い選手とやるときには手加減して、技をかけやすいようにやってくれたんですよ」

——道場よりむしろ実際の試合を通して導いてくれる方だったんですね。

北沢「そうです」

——長沢さんは相撲出身にもかかわらず関節技もかなり巧かったそうですね。

北沢「試合の流れの中でじっくり技をかけていくというやり方でした」

——なるほど。では、大坪さんはどういうスタイルでした？

北沢「大坪さんは動きが速くて技にキレがありました。日本プロレスは派閥がすごかったんですけど、大坪さんや猪木さんに教わってましたから、私の腕は極められないって周りもわかってましたね。とくに大坪さんと猪木さんは仲が良くてしょっちゅうスパーリングをやってたんですよ。吉原功さんも強かった。私は2年くらいやって他のやつに負けなくなったんで『もう1回お願いします』と吉原さんにお願いして相手してもらったんですけど勝てなかったです。タックルの入り方なんかは吉原さんに教わりました」

——吉原さんは早稲田大学のレスリング部出身ですが、フリースタイルの選手だったんですか？

北沢「そうです。タックルから上に乗って相手をコントロールするのが巧かったです」

――猪木さんもアマレスは吉原さんから教わったと言ってましたが、どちらかというとタックルに関してはあまり得意ではなかったといわれてますが？

北沢　「はい。最初は苦手だったみたいです。だけど、吉原さんに教わってやっぱり巧くなっていきましたよ。いや、猪木さんの素質は本当に凄かったんです。若乃花（初代）が猪木さんを見て「2年でいいから預からせてもらえませんか」って力道山先生に頼んだことがあったくらいですから。若乃花は力道山先生の相撲時代（二所ノ関部屋）の弟弟子だったんで仲が良かったんですよ。たしか九州の炭鉱町で相撲と日本プロレスの巡業が重なったことがあって、先生が真夜中にいきなり宿におしかけて「お～い若！」って金を借りたこともありました（笑）。そういう関係でしたけど、猪木さんのことは手放さなかったんです」

――力道山は猪木さんを相撲に入れてある程度出世させ、箔をつけた上でプロレスに戻すつもりだったという説もありますが。

北沢　「それはないですね。そのつもりなら若乃花に頼まれた時に預けていただろうし。でも断ったんですから。どっかでその話に尾ひれがついたんじゃないですか」

力道山の問答無用の拳

――猪木さんを相撲にという話はなかったんですか。力道山はあくまで自分の手で猪木さんを育てるつもりだったんですね。北沢さんから見て師匠の力道山はどういう人でしたか？

北沢「何から何まですごい人でした。道を歩いていて先生の姿を見かけて挨拶するでしょう、そうすると必ず平手かゲンコツが飛んできたんです」

――え？　いきなり理由もなく殴られるんですか？

北沢「はい。平手はそうでもなかったんですけど、あのゲンコツの痛さといったらいまでも忘れられません。先生は若い者にいつも30分くらい木槌で叩かせて拳を鍛えてたんです。そのゲンコツで猪木さんもよく殴られてました。馬場さんは1度も殴られなかったんですけど。たぶん、殴ったらすぐ辞めると思ったんでしょう（笑）」

――でしょうね（笑）。なるほど、おそらく力道山はそうやって弟子たちの性格や負けん気がどれくらいか試していたんですね。でも、やられた方はたまったものじゃないですよね。猪木さんはある時期まで力道山に対して恨みを抱いていたと言ってましたが、理不尽な仕打ちは他の弟子たちも受けていたんですね。

大坪清隆の脱出不可能な拷問技、上田馬之助、ヒロ・マツダ

——猪木さんから聞いたんですが、大坪さんとのスパーリングで誰も脱出できなかった寝技があったそうですね。それを猪木さんが外したので大坪さんがものすごく悔しがってたとか。どんな技なのか確認したかったんですが「口では説明できない」と言われてずっと謎のままになってるんです。どういう技か記憶にありますか？

北沢　「憶えてます。私もそれ得意だったんで。いま、やってみせましょうか？」

——本当ですか！　ぜひお願いします！

宮崎　「もう技の形に入った時点でいっぱいいっぱいです。肩と肘が…。上に乗られてる

実験台になったのは取材に同行した宮崎晃彦さん。北沢さんは袈裟固めに加え、宮崎さんの左腕を両腿で挟み込んで肘を極めている。

だけで脇腹も痛い。なるほど、これじゃ身動きがとれなくて逃げようがないです。猪木さんはどうやって外したんですか？　ブリッジして体勢を崩したんですか？」

北沢「そうです」

――そういえばルスカ戦でも猪木さんはこの状態からブリッジで脱出してました。なるほど、若い頃から得意にしてた動きだったんですね。北沢さん、ありがとうございました。もう外してあげてください（笑）。

宮﨑「ありがとうございました」

――レスリングは上になるのが基本だと思うんですけども、猪木さんは下になった状態から、足捌きで相手をコントロールしてディフェンスしたり、引き込んで関節技をかけたりしてましたね。そういった動きも大坪さんから教わったんでしょうか？

北沢「いや、基本は教わったんでしょうが、そういうやり方は猪木さんが自分で見つけて工夫していったんだと思います。力道山先生も道場では猪木さんに勝てなかったんですよ。マスコミの人が来てる時はあれですから合図してましたが」

――それはいつ頃の話ですか？　力道山は猪木さんの入門から3年8カ月後に亡くなってますから、ということは猪木さんがまだ19歳か20歳の時ですよね？

北沢　「日本プロレスに入って2～3年目くらいですから、それくらいの歳だったと思います。猪木さんも自信をつけてた頃で、一度、広島かどこかで力道山先生がヤクザに狙われたことがあったんですけど、その時『ヤクザがやらんでも俺がやってやるよ』って言ってました（笑）」

――やっぱり殴られてたのを相当根に持ってたんですね（笑）。

北沢　「だと思います（笑）」

――北沢さんが日本プロレス道場で「この人は強い」と思ったのは猪木さん以外ではどなたでしたか？

北沢　「上田馬之助さんです。ただ身体が硬かったんで怖さはなかったです。最初は私も極められてましたが、2、3回やってからは極められなくなりました。身体が硬いから動きがわかっちゃうんです。猪木さんみたいにどこからくるかわからない怖さはなかったですね」

――1966年（昭和41）、ヒロ・マツダさんが凱旋帰国しましたが、その時点で北沢さんの目にマツダさんと猪木さんの力関係はどう映っていましたか？（註／この時期、猪木はアメリカ遠征中で不在）

北沢　「実力は猪木さんの方が全然上。問題にならなかったです」

――そうなんですか!?　北沢さんはマツダさんとスパーリングをされたことは？

北沢　「やりました。猪木さんとは比べものになりませんでしたよ」

――マツダさんは日本人ではカール・ゴッチの一番弟子。関節技は得意でしたよね？

北沢「得意といえば得意でしたが強さとか極める力はそれほどでも。クニャクニャクニャクニャクニャした感じで。素人のお客さんから見たら面白いかもしれないけど、どちらかというと見せる技でした」

カール・ゴッチとアントニオ猪木の決定的な違い

――猪木さんのスパーリングについてお聞きします。日プロ時代の猪木さんは若手選手とやるときは、好きなように攻めさせて、自分からは極めにいかないというスタイルだったそうですね？

北沢「いつでも極められますから、猪木さんからしたら遊んでるようなもんでしたね」

――すでにその頃から猪木さんのスパーリングは自分の強さを見せつけるためではなく、相手をコントロールすることに重きを置いていたんですね。ところで、猪木さんがゴッチさんに師事するようになったのはいつからなんでしょう？

北沢「力道山先生が亡くなってからですね」

――ということは67年（昭和42）に日本プロレスで開かれたゴッチ教室から？

北沢「そうです」

――以前、北沢さんにお話を伺った際、ゴッチさんにコーチを受ける前から猪木さんの技術は完成していたと聞きました。それは沖識名さん、長沢秀幸さん、大坪清隆さん、吉原功さんらから学んだ技術を基にした独自の流儀のようなものが出来上がっていたと解釈すればよろしいでしょうか？

北沢　「猪木さんはゴッチさんに教わる前から関節技みたいなものは知ってましたから」

――その時点でゴッチさんと猪木さんの技術の差はどれくらいだったのでしょう？

北沢　「スタイルが全然違ってたので一概に言えませんが、差があったとすれば、ゴッチさんは勝つためなら平気で滅茶苦茶なことをやってました。相手の口の中を引き裂いたり。だからアメリカのレスラーなんか絶対近寄らなかったんですよ。でも、猪木さんはそういうことはやらなかったです」

――猪木さんはゴッチさんのどういうところに惹かれてコーチを受けるようになったんでしょう？

北沢　「それはやっぱり強さです。うん。１つ１つの技の強さ、極めの強さ。悪いこと（裏技）も全部教わってました」

――ゴッチさんのコーチを受ける以前に猪木さんのスタイルが出来上がっていたのだとしたら、ではゴッチさんからコーチを受けて、猪木さんはどう変化したんでしょう？

北沢　「卍固めもゴッチさんから教わりましたし、変わったといえばあらゆる面で変わったんじゃないですか。いちばんはトレーニングのやり方ですね」

——猪木さんは入門直後の日プロ時代の練習について「とにかくやれ」「ダンベルは握れなくなるまでやれ」「スクワット3000回」と無茶なことばかりやらされてたと言ってました。それに比べたらゴッチ教室はすべてが理にかなっていて納得できたと。

北沢「スクワット3000回で相撲から来た連中、みんな逃げちゃいましたから（笑）」

——そうすると、猪木さんにしてみれば知らない技術があったとすれば、それはゴッチさんがビリー・ライレー・ジムで身につけた本場のキャッチの技術だったということになりますね。

北沢「そうだと思います」

サニー・マイヤース、パット・オコーナー、ゴリラ・モンスーン、ディック・ハットン

——日本プロレス時代、猪木さんはサニー・マイヤース、パット・オコーナーが来日した時にも彼らから技を習っていたそうなんですが、北沢さんも一緒に練習されてたんですか？

北沢「それは知らなかったです。そうですか。マイヤースはプロレスが上手でしたよ。ヘッドロッ

クして顔面にパーンってパンチを入れるんですけど、実際は当ててないんです。でも音が派手だからお客さんが喜んで。たしかにマイヤースは猪木さんをアメリカに連れて行きたがったんですが力道山先生に断られてました」

――オコーナーは〝教え魔〟だったため皆に敬遠されて、それで猪木さんが練習相手を買って出てたそうです。マンツーマンで教えてもらったおかげで強くなったと。その頃、数多くの一流外人選手が来てましたが、彼らも道場で日本人選手と練習してたんですか？

北沢「皆がやってたわけではないですが、私もゴリラ・モンスーンとスパーリングしたことがあります。いや彼は強かったですね。私はまだ入門したばかりでしたけど、片腕を乗せられただけでもう動けなかったです」

――猪木さんもゴリラ・モンスーン、ディック・ハットンがとくに強かったと言ってました。ハットンとも猪木さんはスパーリングを行ってたんですか？

北沢「やってました。強い選手とは必ず。ルター・レンジという黒人選手がいたんですけど、この選手も小柄なんだけど強かったですね。喧嘩ファイトが巧かった。猪木さんは強いと聞いたら黙ってられなくて、すぐ一緒に練習してましたね」

伝説の道場マッチ〝猪木vs.ビル・ミラー〟、ルー・テーズ、バーン・ガニア

——ゴッチさんの立ち合いの下で、猪木さんとビル・ミラーがガチンコのスパーリングをやったという伝説もありますが、これは事実なんですか？

北沢「やりました。その時は現場で私も見てました」

——猪木さんとビル・ミラーが1本ずつ取って、1本取られたのを猪木さんがすごく悔しがっていたとか。でも、ビル・ミラーはカール・ゴッチも一目置くシューターといわれていました。その相手とも猪木さんは互角の勝負をしていたんですね。

北沢「ミラーは身体も大きくて強かったですからね。とにかく力がもの凄かったんですよ。弟のダン・ミラーもレスラーだったんですけど、こっちは小さくてあんまり強くなかったですね」

——猪木さんはカール・ゴッチの他に、自分が影響を受けた外人選手としてルー・テーズ、ディック・ハットン、バーン・ガニアの3人の名前を挙げていました。ルー・テーズとも猪木さんは練習してたんですか？

北沢「やってました。私もテーズにフロント・ヘッドロックを教わったんです。そしたらゴッチさんがえらい機嫌悪くしちゃって（笑）」

――やはりルー・テーズに対するゴッチさんのライバル意識は相当なものだったんですね。

北沢「ルー・テーズという人は若い者の面倒見が良くて好かれてましたね。私も技を教わっただけでなく小遣いをもらったこともありました」

――そうなんですか。ルー・テーズというと孤高のチャンピオンで人を寄せつけなかったのではないかと勝手にイメージしていました。じゃあ、日本プロレスでは試合がガチンコになるとよくフロント・ヘッドロックが使われてたと聞いてますが、それはテーズの影響だったんですね？

北沢「でも、皆下手だからなかなか極まらなかった（苦笑）。簡単そうに見えますけど誰でも使いこなせる技じゃないんです」

――ところで、猪木さんの口からバーン・ガニアの名前が出たのがとても意外だったのですが、北沢さんはガニアとの関係について何かご存知ですか？　猪木さんが現役の最後の頃、よくスリーパー・ホールドをフィニッシュに使っていたのもずっと気になってたんです。

北沢「ガニアもスリーパーが巧かったですからね。私もその辺りのことはよくわかりませんが、アメリカ時代に猪木さんはどこかでガニアを見てたのかもしれませんね」

リキパレスで行われていたボクシング特訓

――渋谷のリキパレスにあった日本プロレス道場にボクシングジム（リキジム）が併設されていた頃の話を聞かせて下さい。当時、プロレスの練習が終わるとリング表面のシートが張り替えられてボクシングの練習が始まったそうですね。

北沢　「いや、張り替えずにそのままやってました。ボクシングは松ヤニを使うんで、それで目をやられちゃうと言ってゴッチさんはすごく嫌がってました」

――北沢さんはトレーナーのエディ・タウンゼント（註／ガッツ石松、井岡弘樹ら6人の世界チャンピオンを育成した名トレーナー）に気に入られてかなりボクシングも練習されたそうですね。藤猛（元WBA・WBC世界スーパーライト級王者。日本ボクシング史上屈指のハードパンチャー）ともスパーリングをしていたとか。

北沢　「藤猛は最初90キロくらいあったんですよ。スパーリングといってもこっちは素人なんで向こうは本気で打ってきませんから楽しかったですよ。4ラウンドくらいやったこともあります。最初はスタミナの配分がよくわからなくて死ぬかと思うくらいきつかったですよ。ボクシングの3分はまた全然違う。よく、ボクサーは掴まえさえすればなんとかなるとか言いますけど、こっちも打撃に慣れてなかったらやられます。簡単なものじゃないですよ。でも、そういう人と練習してたおかげで、少なくともレスラーのパンチは食わなくなりました」

——**そのとき身につけたボクシングのテクニックは、実際、北沢さんのプロレスでどんなふうに役立ちましたか？**

北沢「グレート小鹿にけしかけられてサムソン轡田《くつわだ》が仕掛けてきたことがあったんですよ。パンチを振り回してきたんですけど全然効きませんでした。効かないように（ヘッドスリップで）外してやったんで。逆に右フックを1発入れたら目を開けたままぶっ倒れちゃって。歯も3本か4本折れちゃって大騒ぎなって。控え室に戻ったら皆に白い目で見られたんですけど、猪木さんは『よくやった』と褒めてくれたんです」

——**ボクシングの練習をしていた選手は北沢さんの他にもいたんですか？**

北沢「いましたけど長く続かなかったですね。何でもそうですけど、本当に身につくまでは時間がかかりますから」

——**猪木さんは参加してなかったんですか？**

北沢「その時はやってなかったです」

——**とすると、猪木さんはどこであの独特のパンチの打ち方を覚えたんでしょう？**

北沢　「いや、どこで覚えたのかわからないんですけど、日本プロレスのジムでないことはたしかです」

猪木とマサ斎藤のアマレスによるスパーリング

――北沢さんは豊登さんと猪木さんが東京プロレスを旗揚げした際にも行動を共にされていましたが、道場もなかったために明治大学のレスリング部に場所を借りていたそうですね。

北沢　「はい。私もそこで練習してました」

――その時、猪木さんがアマレスのスパーリングでマサ斎藤さんを圧倒していたと当時の明治大学レスリング部の関係者から聞いたのですが、その様子は記憶されてますか？　マサさんはまだ東京オリンピック出場から間もない頃で、相当強かったと思うんですけど。

北沢　「実際そうでしたよ。斎藤はデビュー戦（65年6月3日）で私と当たったんですけど、体はごつかったけどそんなに強いという印象は受けなかったですね。まだサンダー杉山の方がガチンコだったら強かったかもしれないです。体重が130キロくらいあって、私は85キロくらいだったんで杉山にカメになられたらもう動かなくて。それでタイツの上から陰毛を掴んでバーッって引っぱってひっくり返してやったら、もう2度と顔も見たくないって嫌われちゃったんですが（笑）」

――カール・ゴッチ直伝のえげつない裏技の1つですね（笑）。そういうことを猪木さんもやってたんですか？

北沢「いや、猪木さんは知っててもやらなかったです」

イワン・ゴメス、ウイリエム・ルスカ、バッファロー・アレン、スタン・ハンセン、ハルク・ホーガン

――さきほど日本プロレスの道場で外人選手たちとも一緒に練習をしていたと伺いましたが、新日本プロレスの道場でもそうだったんですか？

北沢「はい。主にメキシコとか中南米の選手が多かったですね。プエルトリコのビクター・リベラとか。スパーリングもやってましたが、あんまり強くやると嫌がるんで。アメリカなんかだと組んだ時、あんまりガチガチだともうプロモーターが使ってくれないんです。組み方ひとつでわかっちゃうんですよ。こっちも組んでみたらどの程度の選手かわかりました」

――新日本プロレスにはプロレス留学生としてブラジルのイワン・ゴメス選手も来てましたね。

北沢「ゴメスは強かったです。ブラジル（のバーリトゥード）で13年間負けたことがなかったとかで、私は1本も取られなかったんですけど、ゴメスからはかなり教わるものがありました。佐山（聡）もゴメスとよくやってました」

――ヒール・ホールドはゴメスに教わったと佐山さんも言っていました。ところでゴメスはどういう点が

強かったんでしょう？　残っている映像を見ると打撃の上手さは感じるんですが。

北沢　「関節技もそうですし、あらゆる面で強かったですよ。猪木さんもアリ戦の前によくゴメスとスパーリングしてました」

――**アリ戦前のゴメスとのスパーリングの話は事実だったんですね。猪木さんとゴメスの試合は結局実現しなかったので非常に興味があります。どういう内容のスパーリングだったんでしょう？**

北沢　「普通の人が見てもわからなかったと思います」

――**高度すぎて何をしているかわからないぐらいの技のやりとりが行なわれていたということですか？**

北沢　「はい。ちょっと説明できないスパーリングでした」

――**『格闘技世界一決定戦』で対戦するために来日したウイリエム・ルスカも新日道場でスパーリングをやってたんですか？**

北沢　「猪木さんから『ちょっと相手をしてやってくれ』といわれて私と藤原（喜明）が交代で相手をしてました」

――**ルスカはパワーで強引に技をかけていた印象があるんですが、実際にやってみてどうでした？**

北沢　「そうですね、力に頼っている動きだったんで1本も取られなかったです。そんなに関節技が巧いわけでもなかったですね。だいぶ経ってリングスでロシアに行った時、ヴォルク・ハンとも練習しましたけど、ハンにも1本取られなかったです。コマンドサンボは戦争のための格闘技と聞いてたんでどんなものかと思ってましたが、極められなかったですね」

――**プロレスも柔道もコマンドサンボも、技の本質は共通してるということですね。柔道出身といえば、新日本の常連だったバッファロー・アレンもかなり強かったんじゃないですか？**

北沢「アレンもよく練習してましたよ。やっぱり強い奴は練習します。やるから強い。猪木さんも怠け者は相手にしてなかったです」

――**新日本の看板選手だったスタン・ハンセンやハルク・ホーガンはどうでした？**

北沢「彼らも真面目でした。ハンセンなんて初めて来た頃は不器用で、ただの若手の1人でしたけど、グラウンドなんかも新日本の道場で練習して強くなりました」

――**話は戻りますが、ルスカとゴメスはブラジルで対戦（76年8月7日）して、ルスカが反則勝ちを収めています。この試合は断片的な映像しか残っておらず、本当のところどちらに優位な展開だったのかよくわかっていません。実際に肌を合わせた北沢さんは両者の実力をどう感じてましたか？**

北沢「あの時、ブラジルには同行してなかったんでその試合は見てないんです。でも、私の印象では、真剣勝負（バーリトゥード）の経験が豊富だったゴメスの方が強かったと思います」

すべてはプロレスのために捧げられた

――一度お聞きしたかったのですが、猪木さんの格闘家としての強さはどれくらいプロレスの試合に反映していたのでしょうか？

北沢「そういう意味でいう強さなら、ほとんど試合では出してませんでしたね」

――試合では自分の強さを見せるというより、あくまで観客を喜ばせることに専念していたということですか？ それでも私たちはアントニオ猪木の強さに魅了されたのですが。

北沢「そのくらい猪木さんという人は凄かったんです」

――では、北沢さんはアントニオ猪木の強さがピークにあったのはいつ頃だったと思われますか？

北沢「やっぱり新日本を旗揚げした頃じゃないですか。というのは全日本プロレスには絶対負けないんだっていう意識がすごく働いてましたから」

――猪木さんはプロレスラーとして38年間現役であり続けました。それだけ長くリングに立ち続けられたのはなぜだと思われますか？

北沢「やっぱり練習と身体の柔らかさです。でも、私はもっと早くやめてほしいと思ってたんです。

最後の頃はどう見ても猪木さんの身体は…。無理をしてるのが痛いくらいわかってましたから」

〈2023年3月24日収録〉

第6章 プロレスと格闘技

©Essei Hara

猪木と格闘技とプロレスと

観客を喜ばせるためには必ずしもプロレスラーが強くある必要はない。求められるのは頑丈な肉体と運動能力とエンターテナーとしての資質――それが大方のレスラー及びプロレスファンの共通認識のようだ。いまなお止まないアントニオ猪木を惜しむ声も、虚と実を巧みに使い分けながらプロレスのエンタテインメントとしての可能性を劇的に広げた天才への賞賛だ。が、現時点でその後継者はいない。なぜなら、プロレスが格闘技と切り離されてエンタテインメントの1ジャンルと化した時点で、プロレス界もファンもそれに満足してしまったからだ。

もはや闘うべき相手はいない。かつて世間から浴びせられた「八百長」という罵倒や誹りは「エンタメ」という言葉に置き換えられて無毒化され、外へ踏み出さずとも自己完結できる安住の地を手に入れたレスラーには猪木のような破滅覚悟の挑戦なども不要。しかしながら、世間とは残酷なもので、破滅の匂いのする挑戦にしか強い関心は示さない。猪木がプロレスというジャンルを超えたスーパースターになれたのも、人生あるいは命を懸けた本物の闘いを幾度となくやってのけたからだった。つねにプロレス外の敵と闘い続けたからこそ、アントニオ猪木の名は多くの人々の胸に深く刻みつけられたのである。

実は、本書の真の狙いは、なぜアントニオ猪木はそんな闘いができたのかを探ることにあった。そしてそれを解明するキーワードが格闘技だった。第1章で提示したように、猪木はプロレスラーとしての揺籃期をひたすら強くなることだけに費やした。卵から孵ったばかりの雛がはじめて見たものを親鳥と思い込んでしまうように、猪木は最初に日本プロレス道場で出会った指導者たちやカール・ゴッチに示された格闘技としてのプロレスこそプロレスだと信じてしまった。猪木にとってプロレスと格闘技は、したがって同一のものであり一向に矛盾しなかったのだ。もしかするとそれは大いなる錯覚だったのかもしれない。が、いずれにせよ、アントニオ猪木だけがプロレスを格闘技として、格闘技をプロレスとして矛盾なくリング上で体現することのできた唯一無二の存在だったことは間違いない。

格闘家アントニオ猪木の実像を探求する本書の試みは、プロレスラー・アントニオ猪木を知ることとイコールだった。その結論に至るまでの過程を思い浮かべながら本章で猪木が語ったプロレスと格闘技ついての考察を一読していただきたい。きっと、これまでとは違う言葉の響きが感じられるはずだ。

ファイトスタイルの変化

『なぜ昔の俺の試合に〝秒殺〟が少なかったのか』

「猪木さんのプロレスが年齢を重ねるごとにスピードを増しているのはなぜですか？」と、そう訊かれたことがある。自分ではまったく意識してなかったが、たしかに若い頃は粘っこいレスリングをしていたし、新日本を旗揚げした頃もそうだった。

試合時間が短くなったのは30代後半になってからだと思う。俺の理想のファイトスタイルは作家の村松友視さんが『私、プロレスの味方です』の中に書いた〝5の力の相手から6を引き出し、7の力で倒す〟という表現がもっとも的を射ているんだが、実はさきほどの疑問もそれと大きく関係している。

正直な話、新日本旗揚げ当初は外人レスラーの確保に本当に困っていた。一流選手と闘いたくても呼べるのはゴッチさんを除いて二流以下の選手ばかり。もしあの頃、俺が遠慮なしに勝ちにいく試合ばかりしていたら、ほとんどがいまで言う秒殺みたいな試合になっていた。最近ではお客さんの見方も変わって、一方的に勝つ試合でも喜んでもらえるようになったけれど、あの時代はそうじゃなかった。

なにしろお客さんを呼ぶのにも四苦八苦していたから、1度見に来てくれた客は絶対に満足させなければいけなかった。その結果、どんな相手からでもどうにかいいところを引き出してみせるというやり方が身についてしまったわけだ。しかし、お客さんも入るようになっていい選手を呼べるようになり、新日本の選手も成長して俺も遠慮せずにやれるようになった。それでおのずとスピードも増し、試合時間も短くなったというのが真相だ。

アントニオ猪木

かく語りき 18

ベイダー戦の意味

『受けの凄みを表現することへの挑戦』

東京ドームで久々にビッグバン・ベイダーと闘った（1996年1月4日）。なにもわざわざ対戦相手にそんなに強いレスラーを選ぶこともないんじゃないかと周囲の人間やファンが言っていたのは知っていた。だが、ベイダーという厳しい相手を選んだのには理由があった。

武藤（敬司）と高田（延彦）の試合（95年10月9日／東京ドーム）に対し、かなり辛辣な批判をしたため選手やファンからだいぶ反発を受けた。どうやら俺の発言の真意はまったく理解されなかったらしく、言葉では伝わらないことを痛感した。それなら〝やってみせてやろうじゃねえか〟という気持ちが湧き上がったわけだ。

はたしてあの日、もっとも観客の印象に残ったのはどの試合だったか。その答えは観客に委ねられているが、俺なりの手応えと満足感は残った。

「猪木さんは死んでもいいと思いながらリングに立っているんですか」

試合の後、そういう質問も受けた。

「死んでもいい」と言ったらかっこよすぎるかもしれないが、たしかにここ数年、一戦一戦、これで最後かもしれないという悲壮感を抱きながらリングに立ち続けていたことは間違いない。

あの試合で俺が受けに回ったことに対して批判もあった。「アントニオ猪木が弱く見えた」というのがその理由のようだが、超弩級のベイダーの攻めを受けきれるかどうかが俺のテーマであり、したがってその批判はまったくの的外れだった。アントニオ猪木と闘ったビッグバン・ベイダーがさらに強く見えた。

その事実こそが、武藤、高田、橋本（真也）たちへの俺のメッセージなんだ。

アントニオ猪木

かく語りき 19

近未来のプロレス

「レスラーが挑戦を受ける〝観客参加型〟もあり得るのではないか」

グレイシー柔術の登場が外圧となって再びプロレスラーの中に眠っていた格闘家の魂に火がついたのはいいことだった。こんな先の見えない時代だからこそ、どんな相手からの挑戦も、いつでも受けられる覚悟と引き出しを作る努力を怠ってはならない。もとより強さに限界はないし、一流になればなるほど、もっとプロレスラーは世界に目を向け、自ら刺激を求めていかなければならない。あぐらをかいている暇はないはずだ。

時代は急激に動いている。社会が変わり、プロレスを取り巻く環境も変わっていけば、もしかするととんでもない新しいプロレスを求められることになるかもしれない。いままでのプロレスは、観客1人1人が抱えているストレスを鍛え抜かれた肉体を持つレスラーが引き受け、リング上の闘いで発散させるという代理行為によって成り立ってきたように思う。だが、これだけフィットネスやさまざまな格闘技がブームになり、素人が金を出して自分の身体を苛めたり鍛えたりしてるのを見ていると、ひょっとすると〝観客参加型のプロレス〟もあり得るんじゃないかと半ば本気で考えている。東京ドームの前に救急車をズラリと並べて、観客席にはレスラーへの挑戦者がタキシードに身を包んで待機し、金を払って次々にリング上のレスラーに挑戦していくという体験型の世紀末プロレス。

俺はこんな空想もプロレスにとっては決してマイナスではないと思っている。観客の度肝を抜くアイディアやバイタリティを失ったら、プロレスが時代をリードし続けることは難しいんだよ。

〝ルールに縛られた闘い〟や〝ルールを弄ぶ闘い〟からロマンは生まれない

UWFの出現以降、一時期、プロレス技のリアリティが疑われた時期があった。最近でもアルティメットやグレイシー柔術の存在があらためてプロレスに対して疑問を投げかけてきている。だが、単なる繋ぎ技として使われているようなプロレス技でも本当は相手からギブアップを奪えるし、一瞬にして戦闘能力を奪える裏技も無数にあるんだ。

では、なぜ試合でそういう技術は使われないのか？

理由は3つある。

まず、相手の戦闘力を奪うことばかりに専念しているとお互いの技術の交流がなくなり、最終的に格闘の間口が狭くなってしまう。

次に、命のやりとりのような極限状態にでも追い込まれない限り、格闘家同士にも武士の情けはあるし、いちいちとどめを刺していたら実力のある選手が減少してレベルが低下し、最後は残酷ショーに陥ってしまう。

そして俺たちはプロである以上、どんなに効果的でも観客が見てつまらない技、自分の気迫を込められない技、単にギブアップをとるだけの技は出してはいけないという信念があるということだ。

少なくとも、これらが新日本プロレスを支える闘いのルールであり理念だったんだ。それらを踏まえた上で、精いっぱい力と技術をぶつけ合い、お互いを高め合っていく闘いを俺はやってきたと自負しているし、それはいまも新日本プロレスのレスラー全員に誇りをもって受け継がれていると信じている。

だが、それでも観客がノールールの試合を見たいと言うのなら俺はいつでも受けて立つ。ただし、それは目玉も金的もＯＫの本当の意味でのノールールだ。

ノールールとは命懸けを意味する。

決して興行のための謳い文句なんかにしてはいけない。

格闘は誇り高い芸術であるべきなんだ。

猪木が語ったプロレスの定義

1989年12月、プロレス未開の地だった当時のソビエト連邦から世界トップレベルのアマチュアレスラーをプロレス入りさせる際、猪木が彼らに語った言葉を最後に記す。

プロレスとは、日頃鍛え抜かれた肉体と精神を持った者同士の闘いで格闘技の集大成である。普通の人ではできないことをやるので、大衆に夢を与えることができる。

1. 受身は己を守るだけではない。優れた受身の技術は、かけられた技をより美しく見せられる。

2. 攻撃は、見る者に力強さと勇気を与える。攻撃した相手に怪我をさせないのもまたプロの技術だ。

3. プロレスの持つ最大の魅力は、人間が本来持っている怒り、苦しみという感情を直接人に伝え、訴えることができることである。

4. 人とは、漢字では2つの棒が支え合っているという意味だ。感動的な試合、激しい試合はレスラー同士の信頼から生まれる。

以上のことを絶えず心がけてプロフェッショナルレスラーとして生きれば、必ずお金をつかむことができる。

おわりに

本書の底本である『闘魂戦記 激白 格闘家・猪木の真実』(ＫＫベストセラーズ／１９９６年４月出版)のあとがきで私は次のように述べていた。

《ここまで格闘家・猪木の実像を追い求め、さまざまな角度から検証を試みてきた。そして得た結論は、当たり前のことだが、格闘家・猪木はプロレスラー・猪木だということだった。アントニオ猪木の格闘技は、柔軟に空手やボクシングやグレイシー柔術などを取り入れる間口の広さが特徴だと思い込んでいた。だが、実は他の格闘技の影響を受けて編み出されていたと思われたほとんどの技が、レスリングテクニックを基本にして独自に工夫された技術であったことが最大の発見だった。極限状況で使われるケンカや殺人的テクニックも、あくまで基本技と人体の急所の組み合わせの延長線上にあった。それらの事実は、猪木が他の格闘技を学ぶのは重要としながらも型を学ぶように鵜呑みにはせず、最大限自分に引き寄せてから取捨選択していたことを表していた。打撃技に興味を持ちながら本格的に導入しなかったのは、超一流の格闘家同士の試合において、信頼できるモノは己が身につけたレスリングでしかなかったという経験から得た真実だったのだろう。さらにアントニオ猪木には格闘技とプロレスの境界線も存在しないことがよくわかった。格闘技とプロレスを使い分ける基準があるとすれば、それは観客が「いる」か「いない」か。観客の目を通して見たとき「凄さ」「強さ」「美しさ」の調和がとれた世界がプロレスであり、格闘技はただひたすら「勝てばいい」世界。猪木の中でどちらが価値を持っているかは明らかだった》

いま、私は27年ぶりに同じ検証作業を終えたばかりであるが、やはり、導き出された結論は変わっていない。そして、それが何一つ変わらなかったことに大きな満足をおぼえている。そのことについて、蛇足ながら少しだけ説明しておきたい。

96年当時は〝黒船〟と呼ばれたグレイシー柔術、〝ノールール〟を売りにするアルティメット大会（初期のUFCはそう呼ばれ、目潰し、噛みつき、金的攻撃のみ反則とされていた）、ヘビー級キックボクシングK-1のブレイクで俄かに格闘技人気が高まり、プロレス界でもUWFから分派したリングス、パンクラスといった格闘技色の濃い団体が支持を集めていた。その頃、かつて一世を風靡したアントニオ猪木の異種格闘技戦は格闘技ファンからは時代遅れのフェイクとされ、かたや闘魂三銃士の台頭によって興行人気が絶頂にあった新日本プロレスやファンの多くも、派手な大技のカーニバルと化したプロレスタイルに否定的発言を繰り返す猪木に対して反感を抱くようになっていた。そんな時期にあえて私が提示した〝格闘家・猪木〟というテーマは、当然、格闘技とプロレスのいずれのファンからも支持を得られなかった。

しかし、である。猪木が初めて格闘技に対する考え方や自身の格闘テクニックについて語った言葉やスパーリング・パートナーたちの証言を記録した『闘魂戦記』の出版は無駄ではなかった。そこから何かを感じ取ってくれた読者の方々が、後年、インターネット上で格闘技の専門家も交えたアントニオ猪木の格闘技術の検証を始め、それによって判明した事実の数々がSNSで発信されて徐々に浸透し始めたのだ。そして、近年になってモハメド・アリ戦の評価も定まり、アクラム・ペールワン戦における猪木の闘いに高専柔道や柔術の技術が秘められていたことなどが知られるにつれ、一時はフェイクと決めつけられた他の異種格闘技戦にも現在のＭＭＡ（総合格闘技）とは次元の異なる見どころや面白さがあるとの認識が広まり始めたのだった。

話を戻す。つまり、『闘魂戦記』執筆時、私は自分の洞察に確信はあってもそれを十分に説明しきれるだけの材料を持ち合わせていなかった。だが、今回、四半世紀の時を経る間に蓄積された情報やその後に行った取材結果に基づいて再び執筆作業を進めた結果、霧が晴れるように曖昧さが消え去り、ついに探し求めていた『格闘家アントニオ猪木――ファイティングアーツを極めた男――』がその本来の姿を現したのである。

本書の出版にあたっては多くの人の助けを受けた。

初対面の私の不躾極まりない申し出を二つ返事で受け入れ、プロデューサーとして本書の出版を『シンＩＮＯＫＩプロジェクト』と銘打ってYouTube『男のロマンＬＩＶＥ！』と連動する形でバックアップしてくれた株式会社Red Comet Management代表取締役ＣＥＯ宮﨑晃彦氏にはいくら感謝しても足りない。

私が畑違いの分野から右も左も分からない出版業界に飛び込んで初めて手がけた『闘魂転生　激白　裏猪木史の真実』（ＫＫベストセラーズ）や『アントニオ猪木引退記念公式写真集ＩＮＯＫＩ』（ルー出版）出版の際にお世話になった原悦生氏とのタッグ結成もずいぶん久々であったが、ご覧のとおり狙い以上の迫力ある写真で応えてもらえた。

また、突然のインタビューの申し入れに快く応じていただけた北沢幹之氏のおかげで、これまでヴェールに包まれていたアントニオ猪木の人知れぬ修練の一端が明らかになった。足に怪我をされていたにもかかわらず寝技の実演までして説明いただけたことに心から御礼を申し上げたい。

さらには、アントニオ猪木の格闘技術を古武術の観点から詳細に解き明かしてくれた整体師兼スポーツトレーナーの山内大輔氏、貴重な資料写真を提供してくださったプロレス史家の那嵯涼介氏、取材準備ではpas:in氏、MUGEプランニングの西沢寛明氏に助けていただいた。

そして、昨年10月、アントニオ猪木がこの世を去って悲嘆に暮れるばかりだった私に「木村の中にはまだ誰にも伝えてないアントニオ猪木のいろんな記憶や情報が眠ってるんだろ？　それを自分だけの思い出にしたまま墓場まで持っていくのか？　お前も物書きならそれを世に出せ。それが仕事だろ！」と叱咤激励してくれた学生時代からの友人である森由喜夫氏、再三の出版スケジュール変更にも辛抱強くお付き合いくださった金風舎の香月登社長とスタッフの皆さん、株式会社猪木元気工場の宇田川強氏、井野亘氏にも御礼を申し上げたい。

いまも心に生き続ける、アントニオ猪木に本書を捧げる。

２０２３年9月　木村光一

参考文献一覧

『プロレス全書』東京スポーツ新聞社
『日本プロレス全史』ベースボール・マガジン社
『新日本プロレス パンフレット縮刷版第1巻』新日本プロレスリング（株）
『INOKI 闘魂 LIVE パンフレット』新日本プロレスリング（株）
『'89格闘衛星闘強導夢パンフレット』新日本プロレスリング（株）
『秘伝 極真空手』大山倍達著・日貿出版社
『わが柔道』木村政彦著・ベースボール・マガジン社
『アントニオ猪木 SUPER BOOK!』KK ベストセラーズ
『新日本プロレス SUPER BOOK!』KK ベストセラーズ
『最強の格闘技とは何か』大沼孝次著・（株）光栄
『プロレスアルバムNo.2 アントニオ猪木格闘技世界一決定戦』ベースボール・マガジン社
『世界のKOアーチスト』ジョー小泉著・福昌堂
『激闘魂～巨大な夢を追い続ける男たち』三和出版
『ゴング格闘技・不滅の闘魂名勝負100』日本スポーツ出版社
『闘魂伝説の完全記録2～6巻』有朋堂
『プロレスを創った男たち～あるTVプロデューサーの告白』栗山満男著・ゼニスプランニング
『最強の系譜 プロレス史 百花繚乱』那嵯涼介著・新紀元社
『対角線上のモハメド・アリ』スティーブン・ブラント著／三室毅彦訳・（株）MCプレス
『木村政彦はなぜ力道山を殺さなかったのか』増田俊也著・新潮社
『復刻 幻の藤原ノート――「ゴッチ教室」の真髄』藤原喜明著・講談社
『ビル・ロビンソン伝 キャッチ アズ キャッチ キャン入門』鈴木秀樹著・日貿出版社
『猪木寛至自伝』猪木寛至著・新潮社

『金狼の遺言』上田馬之助／トシ倉森共著・辰巳出版
『力道山―人生は体当たり、ぶつかるだけだ』岡村正史著・ミネルヴァ書房
『力道山 大相撲・プロレス・ウラ社会』牛島秀彦著・第三書館
『東京アンダーワールド』ロバート・ホワイティング著／松井みどり訳・角川文庫
『チャンピオン太 コレクターズDVDブックレット』（株）ベストフィールド
『昭和プロレス・マガジン 第59号 アントニオ猪木追悼号Part1』ミック博士編著・昭和プロレス研究室
『THE COMPLETE RECORD ANTONIO INOKI フルスイングマガジン6』チームフルスイング

雑誌

『Gスピリッツ』辰巳出版
『月刊ゴング』日本スポーツ出版社
『週刊ゴング』日本スポーツ出版社
『週刊プロレス』ベースボール・マガジン社
『ナンバー』文藝春秋社
『プロレス王国』KK ベストセラーズ

WEB

ボクシング選手名鑑　https://boxinglib.com
start Japan MMA JiuJitsu and Fitness のブログ
https://ameblo.jp/startjapan758/entry-12664641206.html
Ivan Gomes BJJ HEROES.
https://www.bjjheroes.com/bjj-fighters/ivan-gomes